Klaus Wagener
Susanne Vollrath

333 Ideen für Balkon & Terrasse

BLOOM'S by Ulmer

„Mensch sein heißt Gärtner sein."

(Ralph Waldo Emerson)

Liebe Leser! Blumenzwiebeln, duftende Erde und Blütenfülle – **Natur tut** unserer Seele **gut** und lässt uns „Mensch“ sein. **Inspiration** für Ihren ganz persönlichen **Topfgarten-Traum** auf Balkon oder Terrasse finden Sie in diesem Buch. Damit für Sie jeder Tag **draußen** der **schönste** wird.

Inhalt

»Wer die Blume des Frühlings pflückt,
versteht die glücklichste Kunst.«

(Ernst Moritz Arndt)

»Wenn der Sommer sich verkündet, Rosenknospe
sich entzündet, wer mag solches Glück entbehren?«

(Johann Wolfgang von Goethe)

»Im Herbst steht in den Gärten die Stille,
für die wir keine Zeit haben.«

(Victor Auburtin)

»Winter ist –
aber die Knospen wissen es besser.«

(Anonymus)

Frühling

Good Morning Sunshine!

Wenn das Lieblingslied im Radio trällert, eine duftende Tasse Kaffee direkt ans Bett gebracht wird und die Sonne scheint, fängt der Tag perfekt an. Für Tage wie diesen empfiehlt sich eine frische blumige Untermalung in Weiß und Gelb.

← Raue Betonschale mit zarter Füllung. Aus einem **Blütenbett** von weißen Hornveilchen und Kugelprimeln spitzen neugierige Stiefmütterchen hervor und wünschen dem Betrachter einen guten Tag.

↑ So ist der erste **Morgenblick** aus dem Fester auf jeden Fall erfreulich. Im cremefarbenen Kasten warten Narzissen, Primeln, Tulpen und Hornveilchen auf die ersten Sonnenstrahlen des Tages.

← Fürs Frühstück im Freien ist es noch zu kalt? Stellen Sie doch so lange einen blumigen **Platzhalter** auf den Stuhl. Narzisse, Hornveilchen und Hungerblümchen umrankt von Mühlenbeckie halten ihn bestimmt gerne frei!

1 Ranunkel (Ranunculus asiaticus) 2 Stiefmütterchen (Viola x wittrockiania) 3 Primel (Primula vulgaris)

Good Morning Sunshine!

↑ Ein frischer Gruß im Eingangsbereich heißt Besucher willkommen. **Optimismus** pur verströmen hier unter anderem Ginster, Stiefmütterchen und Narzisse.

→ Selbst auf dem schmalsten Sims ist Platz für solch ein Gefäßeduo in **Pastell**. Die Pflanzen greifen die Farbe der Töpfe auf und wirken in dieser Zusammenstellung besonders harmonisch.

↑ Neugierig schauen die sonnigen **Blütengesichter**, was sich alles so im Garten tut. Mit von der Partie sind hier neben Narzissen, Stiefmütterchen und Hornveilchen auch Kugelprimel, Hungerblümchen und Mühlenbeckie.

4 Primel (Primula vulgaris)
5 Tausendschön (Bellis perennis)
6 Narzisse (Narcissus pseudonarcissus)

Flotte Reihe

Individuelles Kombinieren wird durch das Aneinanderreihen mehrerer Gefäße kinderleicht. Sollte einmal eine Pflanze verblüht sein, ist sie leicht auszutauschen. Das Ergebnis: ein sich stets wandelndes Gesamtkunstwerk.

← Schwebender Frühling. Vergissmeinnicht, Tausendschön, Glockenblume, Schöterich und Hornveilchen hängen in fünf kleinen Töpfen über dem Terrassentisch. Birkenzweige und eingeklemmte Drahtspulen verdecken dekorativ die Aufhängung.

↑ Wem ein Balkonkasten zu langweilig ist, der findet im **Zinkeimer** eine tolle Alternative. In Reih und Glied werden gleich mehrere an die Balkonbrüstung gehängt und mit je einem Frühlingsblüher bepflanzt.

← Tausendschön und Primeln in dunkelroten Sorten umrahmen die leuchtend gelbe Narzisse. Jede Pflanze hat ihren eigenen Platz in einem eckigen Zinkgefäß. Freches blaues **Pomponband** bringt das besondere Etwas in die Kombination.

Tipp:

Die einzelnen Bestandteile einer Reihung sollten immer Gemeinsamkeiten erkennen lassen. Zum Beispiel:

*** in der Form der Gefäße. Das wirkt harmonischer als ein Sammelsurium verschiedener Topfformen.**

*** im Material der Gefäße. Das bringt die Pflanzung besser zur Geltung.**

*** in der Farbe der Pflanzen. Das wirkt konsequenter, ein bewusst eingesetzter Kontrast belebt die Szene jedoch.**

*** in der Form der Blüten. Das betont die feinen Unterschiede verschiedener Sorten.**

Die neue Farbfrische

Die ersten Sonnenstrahlen kommen, es weht ein laues Lüftchen. Für echte Balkon- und Terrassenfans heißt das: Nichts wie raus! Die neue Farbfrische hilft dabei, den langen Winter sofort zu vergessen.

← Für den unkomplizierten Frühlingslook werden ganz **unterschiedliche Gefäße** mit lieblichen Frühjahrsblühern bepflanzt und zusammengestellt. Dabei sollten die Farben von Blüten wie Gefäßen möglichst leuchtend sein.

↑ Lila und Gelb, Rot und Grün – in diesem selbst beklebten und lackierten Kübel dominieren die **Kontraste**. Ganz einfach und pflegeleicht gelingt die Pflanzung unter anderem mit Wolfsmilch, Primeln, Ranunkeln, Tausendschön und Stiefmütterchen.

↑ Mit Frühlingsblühern gefüllte **Kunststofftaschen** verschönern den Eingang oder die Terrasse. Durch die Henkel ist häufiges Umstellen, zum Beispiel wenn doch noch mal Frost droht, gar kein Problem.

→ **Gegensätze** ziehen sich an: hohe Gefäße in Kombination mit niedrigen, einfarbige mit bunten, Kunststoff mit Keramik. Auch bei den Pflanzen gilt, die unkomplizierte Mischung macht's. Aufrecht wachsender Ginster steht zusammen mit kleinen, niedrigen Tausendschön, Stiefmütterchen und Primeln.

→ Ein ganz **neues Farbgefühl** vermittelt auch diese Pflanzkombination in mint-farbenen Schalen. Die Bepflanzung besteht aus dunkelroter Kugelprimel, roter Ranunkel, violetten Hornveilchen und blauen Traubenhyazinthen. Zur Beruhigung der Szene dient ein gleichartiges, aber mono bepflanztes Gefäß mit weißem Tausendschön.

← **Instant Gardening** könnte man diesen Trend nennen, bei dem einzelne Pflanzen in ausgediente Konservendosen gepflanzt werden. Je mehr Büchsen mit Anemone, Tausendschön und Co., desto schöner!

Tipp:

Wer keine Konservendosen reinigen will, kann in der Farbenhandlung nach unbefüllten Büchsen fragen, in denen sonst individuell gemischter Lack verkauft wird. Die Dosen erhalten dann entweder einen Anstrich oder werden mit Folie beklebt. Auch mit Zeitungs- oder Geschenkpapier beklebte Gefäße werden zu echten Hinguckern und mit Bootslack allwettertauglich. Löcher im Boden nicht vergessen, damit überschüssiges Wasser abfließen kann.

Vintage-Style

Alte Formen neu aufgelegt – das ist der Vintage-Style. Der Antik-Look lebt vom Spiel mit edlen Formen und starken Farben. Lassen Sie sich für einen alten aber derzeit top-aktuellen Stil begeistern.

← Eine dezente Unterpflanzung für das Trauerweidenstämmchen und den Mittelmeer-Schneeball bilden Purpurglöckchen, Stiefmütterchen, Ranunkel, Tulpe, Schaumblüte und Kugelprimel. Perfekt zur modernen **Nostalgie** passen die im Stil des „Shabby Chic" geweißten Holzgefäße.

→ **Gebrochene Farbtöne** bestimmen die Gesamtwirkung der beiden hochwertigen glänzenden Keramikkübel. Moderne, schlichte Gefäßformen in Kombination mit nostalgisch wirkenden Blütenfarben. Mal mono in einer Pflanzenart gepflanzt, mal gemischt.

← Duftende Hyazinthen und Stiefmütterchen gehen hier eine anmutige Verbindung ein. Efeu und Mühlenbeckie bringen **Romantik** in die Kombination, wie auch die matten, antik wirkenden Gefäße.

Tipp:

Für den Vintage-Stil benötigen Sie Pflanzen, die Blüten in sanften Farbtönen hervorbringen. Sanftes Rosé, Pastellgelb, Bordeauxrot und sinnliches Violett sind genau richtig. Die passenden Gefäße zeichnen sich durch den so genannten „Shabby Chic" aus, der vor allem von künstlichen Alterungsspuren geprägt ist. Bei Keramikgefäßen sollten Sie außerdem darauf achten, dass die Gefäßwände möglichst dick wirken. Holzgefäße sind häufig die preiswertere Alternative. Hier entweder direkt weiß gekalkte Kübel kaufen oder vorhandene mit verdünnter, weißer Wandfarbe oder heller Lasur behandeln.

Ganz schön verzinkt

Haben Sie auch als Kind Ihren Setzkasten geliebt? Dann ist dieser Balkontrend mit Zinkgefäßen genau der richtige für Sie, denn nun können Sie endlich wieder sammeln, kombinieren und tauschen!

← Drei mal drei bunt bepflanzte Töpfe macht **neunmal Frühlingslaune**. Mit von der Partie sind Traubenhyazinthe, Stiefmütterchen, Tulpen, Narzissen und Tausendschön sowie die Primel, Schlüsselblume und Vergissmeinnicht.

→ **Prima Alternative** zum Balkonkasten. Dazu verschiedene Zwiebelblumen wie Tulpen, Hyazinthen, Nazissen und Traubenhyazinthen in kleine Henkeleimer pflanzen und am Balkongeländer aufhängen. So helfen Sie dem Frühling auf die Sprünge.

← Wer sagt denn, dass Balkonkästen immer hängen müssen? Sie machen auch auf dem **Boden** ordentlich was her und sind auf diese Weise sogar besser vor Wettereinflüssen geschützt. Je zwei Arten pro Kasten wirken fröhlich und unkompliziert.

Tipp:

Zinkgefäße sind zeitlos und immer aktuell. Der Grund liegt in der wunderbaren Wandelbarkeit der an sich unscheinbaren Pflanzbehälter. Sie spielen sich nicht in den Vordergrund, sondern lassen die Pflanzen für sich sprechen. Und durch die silbrige Oberfläche passen sie einfach gut zu jeder anderen Farbe. Da kann auch schon mal die braune Erde dekorativ mit farbigem Kies oder Granulat abgestreut werden.

Starkes Frühlingsensemble

Wie bei einem Filmensemble kommt es auch bei den Frühlingsensembles auf das Zusammenspiel aller Partner an. Was meinen Sie: Welches Stück hat den „Oscar“ für die beste Regie verdient?

← Über den Dächern von Nizza. Tulpen, Primeln und Schöterich passen perfekt auf einen kleinen Beistelltisch einer sonnigen Dachterrasse. Fehlen nur noch Cary Grant und Grace Kelly …

↑ Was das Herz begehrt. Die Findungsphase, bis aus zarten Banden echte Liebe entsteht, hat dieses Quartett aus Stiefmütterchen, Tausendschön, Primel und Narzisse offensichtlich schon hinter sich. Harmonischer könnte die Verbindung nicht sein.

Starkes Frühlingsensemble

↑ Zimmer mit Aussicht. Den Blick auf Florenz können Tulpen und Narzissen nicht ausstechen. Doch mit einem Mooskranz geschmückt, verschönern sie den Blick nach draußen und sorgen für Frühlingsflair.

→ Drei Engel für Charlie. Die drei charmanten Powerfrauen im Undercover-Einsatz sind ein würdiger Namenspatron für Vergissmeinicht, Stiefmütterchen und Blaustern im Korb.

→ **Die Besucher**. Eigenwillige Zeitreise oder zeitloser Klassiker – die Kombination aus Narzisse, Hornveilchen, Blaustern und Schöterich ist auf jeden Fall ein Hingucker.

Tipp:

Im Wind flatternde Bänder beleben jedes Pflanzenarrangement. Neben den herkömmlich gewebten Bändern gibt es auch solche, bei denen aus einem dichten Gewebe, wie zum Beispiel Filz, fröhliche Formen ausgestanzt sind. Naive Blüten in „Prilblumenoptik“ oder Schmetterlinge eignen sich für die Dekoration in Frühlingskombinationen besonders gut, weil sie so schön unbeschwert wirken.

← **Fenster zum Hof**. Das Arrangement, das unter anderem aus Narzissen und Glockenblumen besteht, zieht die Blicke auf sich. Besonders ansprechend wirken die im Wind flatternden Bänder.

Begrünter Eingangsbereich

Ihr Hauseingang soll freundlich und einladend wirken? Mit Gehölzen bepflanzte Korbgefäße sind dafür eine pflegeleichte Lösung, die noch dazu länger als eine Saison ansehnlich bleibt.

← Strubbelige Moorbeetpflanzen wie **Heidelbeersträucher** wirken in hohen Korbgefäßen außergewöhnlich attraktiv. Wer will, kann noch eine Manschette aus gefärbten Stäben am Gefäßrand anbringen und diese mit einer Dekoblume schmücken.

→ Zwei Wacholderpflanzen in hohen Korbgefäßen flankieren den Weg zum Eingang. Nach der Lehre des **Feng Shui** sieht dies nicht nur gut aus, sondern lässt auch die positive Energie besonders gut fließen.

Gewusst:

Pflanzenschmuck an Eingängen hat eine lange Tradition – nicht nur in Mitteleuropa. In Asien werden Pflanzen beispielsweise häufig paarweise, als so genannte „Türwächter", eingesetzt. Sie übernehmen dann die Aufgabe einer „Hofgarde", bewachen und beschützen den Eingang. Bambus soll beispielsweise die Bewohner stärken, Heidelbeerkraut neue Kraft geben. Auch Türkränzen wird eine Schutzfunktion zugesprochen. Nach der Lehre des Feng Shui helfen sie, das Chi, die positive Energie, besser ins Haus zu leiten.

← Bambus bringt auch in den entlegensten Winkel des Landes **asiatisches Flair**. Das Gewächs am besten in ein großes Kunststoffgefäß pflanzen, bevor es Platz im niedrigen Korb findet.

Rosarote Frühlingswolke

Sanft und leicht – ganz wie eine Wolke – kommen diese Bepflanzungskombinationen daher. Und das in Rosarot. Sie bringen eine feminine Note in den Garten und schaffen Plätze zum Wohlfühlen.

← Wenn der Garten gerade erst aus dem Winterschlaf erwacht, können mit bepflanzten Gefäßen schon kleine **Blüteninseln** entstehen. Die Frühjahrsklassiker Primel, Stiefmütterchen, Tausendschön und Kugelprimel werden hier in zarten Rosétönen unter ein Weiden-Hochstämmchen gepflanzt.

↑ Ein Ensemble, das nicht nur das Auge erfreut. Hyazinthen verbreiten eine frühlingshafte **Duftwolke** zwischen Tausendschön, Hornveilchen und Ranunkeln.

← Eine Blütenmischung mit besonderem **Charme**. Wie ein schüchternes Mädchen scheinen die Blüten von Stiefmütterchen und Tausendschön gerade zu erröten.

Gewusst:

Mit den samtigen Kätzchen ist die Weide nicht nur optisch, sondern auch haptisch ein echter Genuss. Wussten Sie schon, dass Palm- oder Weidenkätzchen eigentlich die männlichen Blütenstände der Salweide sind? Die silbrige Behaarung verschwindet bei der Blüte. Sie macht dann den leuchtend gelben Staubfäden Platz. Die weiblichen Blüten, aus denen später die Samen hervorgehen, sind walzenförmig und von grünlicher Farbe. Die meisten Weiden-Arten sind zweigeschlechtlich. Eine Ausnahme bildet hier lediglich die Trauerweide, die Blüten beiden Geschlechts auf einer Pflanze vereint.

Sonnige Ausblicke

Noch sind die Tage kurz, doch die Pflanzenkombinationen in warmen Farben stimmen zuversichtlich, dass sich die Sonne bald wieder länger blicken lässt. Bis dahin heißt es: Durchhalten und den Frühling genießen!

← Wer gerne kombiniert, liegt mit verschiedenen Stiefmütterchen bepflanzten Gefäßen genau richtig. Damit's schön ausschaut, unbedingt drei mal den gleichen Topf verwenden. Terrakotta eignet sich mit seiner rot-braunen Färbung besonders gut, um eine **warme Optik** zu erzielen.

↑ Ein **rustikaler Holzkorb**, bepflanzt mit allerlei Veilchen-Arten, Narzissen, Primeln, Efeu und Duftthymian schmückt den noch unbenutzten Terrassentisch. Ist der Frühling erst einmal vorbei, können Efeu und Thymian an einem ruhigen Plätzchen im Garten weiterwachsen. Und auch die Narzissenzwiebeln können vergraben werden. Oft verwildern sie und schenken im nächsten Jahr vom Beet aus pure Frühlingsfreude.

↑ Narzissen und Primeln bitten zum **Tête-à-tête**. Die klassische Kombination erhält neuen Reiz, wenn sie in eine flache Schale gepflanzt wird. Zwischenräume werden am besten mit Moos abgedeckt.

→ Zu den Klinkersteinen auf dem Boden passt das blumige **Begrüßungskomitee** aus Primeln, Narzissen und Efeu im würfelförmigen Terrakotta-Kübel sehr gut. Wer möchte, ergänzt noch einige Birkenzweige.

→ **Ganz in Gelb** präsentiert sich die Mischung aus Tulpen, Primeln, Stiefmütterchen, Tête-à-Tête-Narzissen und Hornveilchen auf einem Mauervorsprung. Beim Bepflanzen von Kästen sollte man am besten nur niedrigere Tulpensorten verwenden.

← Tulpe und Narzisse sind etwas frostverträglicher, Ranunkel und Primel dagegen empfindlicher. Wer sicher gehen will, sollte auf Zwiebelblumen und **Stauden** zurückgreifen. Mit polsterartig wachsenden Steinbrechgewächsen lassen sich attraktive Effekte erzielen.

Tipp:

Mit vorgetriebenen Zwiebelblumen können Sie den Frühling vorverlegen:

Ab Mitte September beginnt man mit dem Eintopfen. Verwenden Sie dazu flache Gefäße, setzen Sie die Zwiebeln in Gruppen auf eine Erdschicht und füllen Sie die Zwischenräume auf. Die Zwiebelspitzen müssen noch aus der Erde herausschauen! Anschließend gut wässern und für 10-14 Wochen an einen kühlen, dunklen Ort (ca. 5 °C) stellen. Zum Antreiben werden die Töpfe ins Haus geholt. Nach einer Akklimatisierungsphase von 14 Tagen bei ca. 15 °C holt man die Gefäße in den Wohnraum, wo sie mit ausreichenden Wassergaben bald zu blühen beginnen.

Lila Laune

Ein Blick nach draußen – und die gute Laune kommt wie von selbst. Wie das klappt? Natürlich mit der richtigen Dekoration auf dem Fensterbrett und vor der Tür. Wir zeigen Ihnen, wie's funktioniert.

← Kinderleicht ist die lila Laune auf das Sims zu bringen. Einfach drei gleiche Steinguttöpfe aufstellen und mit jeweils einem Stiefmütterchen, einer Strahlenanemone und einer Traubenhyazinthe füllen.

↑ Im dickwandigen, weiß glasierten Kübel wird aus dem altbekannten Stiefmütterchen glatt ein **Trendblüher**. Strukturpflanzen mit grauem Laub passen besonders gut zur gewünschten modernen Optik.

← In dem Kasten findet sich eine vielfältige **Mischung** allerhand „blaublütiger" Pflanzen. Am besten hier und da etwas Weißes dazwischen pflanzen – das frischt auf!

Gewusst:

Veilchen oder Stiefmütterchen? Gerade bei neuen Sorten fällt die Entscheidung schwer. Insgesamt sind über 500 verschiedene Arten der Gattung Viola bekannt. Viola x wittrockiana, das Stiefmütterchen, ist bei uns die am häufigsten anzutreffende Kulturform. Es kann einfarbige Blüten oder Blüten mit „Auge" besitzen. Immer beliebter wird auch das Hornveilchen, Viola cornuta. Eine Veilchenart hat es sogar in die Literatur geschafft. Das Duftveilchen, Viola odorata, inspirierte viele Dichter, so zum Beispiel Eduard Mörike zu einem der bekanntesten Frühlingsgedichte.

Farbenflirt im Frühling

Die Sonne lockt die Menschen endlich wieder nach draußen. Flirten Sie doch mit dem Frühling, indem Sie Kübeln und Töpfen eine ordentliche Portion Farbe mit frühjahrsblühenden Stauden verpassen!

← Wer einmal etwas ganz anderes will, ist mit dieser blau-weißen Kombination gut beraten. Die **Stauden** sind zum Teil Neuzüchtungen. In Pflanzen- und Gartencentern wird man sie mit Sicherheit zur Pflanzzeit vorfinden.

→ Ein Traum in **Pink und Weiß**: Schaumblüte, Schöterich, Efeu und Staudenmargerite. Am besten in hohe Gefäße pflanzen – so betonen Sie die Wuchsrichtung der aufrecht wachsenden Stauden.

← Strahlend weiß und frühlingsfrisch. **Konsequent** sind hier nur weiße und grüne Pflanzen eingesetzt. Mit dabei sind gefüllte Primel, Staudenmargerite, Tausendschön, Wolfsmilch und Kalmus.

1

2

3

1 Staudenmargerite (Leucanthemum hosmariense) 2 Schöterich (Erysimum Cultivar 'Sweet Sorbet') 3 Gefüllte Primel (Primula vulgaris 'Blue Saphire')

Frischer Frühlingswind

Nach dem tristen Wintergrau wirken frische Farbtupfer auf Balkon und Terrasse richtig belebend. Lassen Sie doch auch einen bunten Wind über Ihr Lieblingsplätzchen wehen!

← Die Kombination von rosafarbenem Kübel und blauem Gartenzaun wirkt richtig **frech**. Leuchtend gelbe Stiefmütterchen und pastellfarbene Narzissen ergänzen den Eindruck.

↑ Konische Tongefäße erhalten für die frische Frühlingsoptik einen neuen **Anstrich** aus Wandfarbe, der durch einen Überzug aus Bootslack witterungsbeständig wird. Die Bepflanzung besteht aus Narzissen, Stiefmütterchen, Tausendschön, Traubenhyazinthen, Kugelprimeln und Ranunkeln in leuchtenden Farben.

1 Stiefmütterchen (Viola x wittrockiana) 2 Vergissmeinnicht (Myosotis sylvatica) 3 Primel (Primula vulgaris)

↑ **Ungleiches Paar.** Die in Rosa angestrichenen Tontöpfe sind mono mit Primeln und bunt gemischt mit allerhand Frühlingsblühern bepflanzt. Ein fröhlicher Lichtblick an trüben Tagen.

→ Voll und ganz auf Frühling eingestellt ist diese Sitzecke, die neben großen Kübeln mit Ginster, Primeln, Stiefmütterchen, Ranunkeln, Mehlprimeln, Tausendschön, Efeu und Narzissen auch **Tischschmuck** zu bieten hat.

↑ Soll eine Pflanzkombination wie ein kleiner Ausschnitt aus einer **Blumenwiese** wirken, muss beim Einsetzen der einzelnen Arten ihr Wuchs berücksichtigt werden. Hohe Narzissen sind hier mit niedrigeren Sorten kombiniert. Die Zwischenräume füllen Stiefmütterchen und Ranunkeln. Traubenhyazinthen in Randnähe vervollständigen das Bild.

4 Tausendschön (Bellis perennis) 5 Stiefmütterchen (Viola x wittrockiana) 6 Narzisse (Narcissus pseudonarcissus)

Traum in Himmelblau

Blau ist die Farbe der Ruhe und Besonnenheit. Sie wirkt ausgleichend und besänftigend und hilft dabei, die Seele baumeln zu lassen. Holen Sie sich die Farbe des Himmels jetzt auf den Balkon!

← Eine ganze Schale voll blauer **Mini-Iris** ist ein echter Hingucker auf Balkon und Terrasse, der einen außergewöhnlichen Platz verdient hat. Am besten das Substrat mit feinem Quarzsand aus dem Baumarkt abdecken – das wirkt besonders edel.

↑ Aus einer grünen Basis aus Efeu, Spindelstrauch und Mühlenbeckie recken blaue Primeln, Hyazinthen und Stiefmütterchen ihre Köpfe der Sonne entgegen. Außergewöhnlich schön sind Krokusse in der **Kombination**, die frech zwischen den anderen Pflanzen hervorspitzen.

← **Grau und Blau** – das passt zusammen, vor allem, wenn noch frisches Grün dazu kommt. In den matten Metallgefäßen laden Stiefmütterchen, Traubenhyazinthen und Kugelprimeln zusammen mit hellgrünen Gräsern zum Verweilen ein.

Pflanzen:

Frühlingsblumen mit blauen Blüten:

- **Strahlenanemone (Anemone blanda)**
- **Krokus (Crocus Cultivar)**
- **Blaustern (Scilla siberica)**
- **Hyazinthe (Hyacinthus orientalis)**
- **Zwergiris (Iris reticulata)**
- **Primel (Primula vulgaris)**
- **Stiefmütterchen (Viola x wittrockiana)**
- **Traubenhyazinthe (Muscari armeniacum)**
- **Vergissmeinnicht (Myosotis sylvatica)**

Allerlei Narzissen

Man kennt sie meist in strahlendes Gelb gekleidet. Doch die Vielfalt von Narzissen lässt kaum noch Wünsche offen. Ob Sie große Einzelblüten oder kleine Blütentrauben lieben – Sie werden bestimmt die richtige Narzisse für sich finden!

← Die zweifarbigen Trompeten-Narzissen bringen pro Stiel nur eine einzige Blüte hervor. In manchen Gegenden wird diese Form der Narzisse auch als **Osterglocke** bezeichnet. Hier ist sie mit blauen Traubenhyazinthen und einigen Palmkätzchenzweigen kombiniert.

→ Zur Klasse der **Cyclamineus-Narzissen** zählt die hier eingesetzte Sorte 'Tête-à-Tête'. Sie zeichnet sich durch eine frühe Blüte aus und ist an besonders langen Trompeten und zurückgeschlagenen Blütenblättern zu erkennen.

← **Gefüllte Narzissen** sind oft Nachkommen besonders alter Sorten. Die Füllung entsteht durch eine Verdopplung der Kelch- und Blütenblätter. Sie blühen häufig etwas später als andere Sorten.

1 Gefüllte Narzisse 2 Jonquillen-Narzisse 3 Kleinkronige Narzisse

Sommer

Sonne im Kasten

Ein wahres Feuerwerk in Rot, Orange und Gelb versprühen diese blumigen Oasen. So sind Sie immer auf der Sonnenseite – auch, wenn der Himmel voller Wolken ist.

← Für die **sonnige Lage** bestens geeignet: Gazanie, Husarenknöpfchen, Wandelröschen, Zweizahn und Schwarzäugige Susanne.

↑ Dieser Kasten zeigt, dass auch im **Schatten** Farbfeuer brennen können. Zutaten dafür: Knollenbegonie, Fuchsie, Fleißiges Lieschen, Buntnessel, Blattschmuck-Geranie.

← Tagetes, Wandelröschen, Husarenknöpfchen, Schwarzäugige Susanne und Zweizahn ergeben eine strahlende **Mischung**, die gut zu den warmen Naturfarben von Holz, Korb und Ton passt.

1 Schwarzäugige Susanne (Thunbergia alata) 2 Gazanie (Gazania rigens) 3 Wandelröschen (Lantana camara)

Sonne im Kasten

↑ Machen Sie es sich draußen **gemütlich** – mit einer kuscheligen Decke, einem leckeren Snack und üppigen Blüten. Für eine nette Ecke wie geschaffen ist der Balkonkasten mit Wandelröschen, Goldzweizahn und Gazanie.

→ Besonders **dynamisch** sieht ein Balkonkasten aus, wenn zwischen aufrecht wachsenden oder leicht hängenden Pflanzen ein starkwüchsiger Hänger wie der Goldzweizahn zu finden ist.

↑ Balkonkästen können nicht nur schön, sondern auch **nützlich** sein. Das zeigt diese Kombination, bei der sich zu Goldzweizahn Studentenblume und Gazanie ein echter Salbei gesellt. Soll das Kraut verzehrt werden, muss auf Pflanzenschutz verzichtet werden.

Tipp:

Sie möchten Ihre Nachbarn mit dem Sommertraum auf Ihrem Balkon neidisch machen? Nichts leichter als das, wenn einige Grundregeln beachtet werden.

* **Balkonkästen mit einer Tiefe von 20 Zentimeter sind ideal. Dort können Sie doppelreihig pflanzen, ohne dass es den Wurzelballen zu eng wird.**

* **Luftiges Substrat fördert das Wachstum. Langzeitdünger beim Befüllen untermischen!**

* **Und: Gießen nicht vergessen. An heißen Tagen kann das sogar morgens und abends nötig sein. Praktisch sind Wasserspeicherkästen.**

Frische Brise

Kaum etwas ist erholsamer, als ein Tag am Meer. Wenn kühle Fluten und Wind zu weit weg sind, um sie regelmäßig zu genießen, bringt die richtige Terrassenbepflanzung eine frische Brise direkt nach Hause.

← Das Flair eines alten Seebads entsteht, wenn **Weiß und Blau** sowohl in der Bepflanzung, als auch bei den Accessoires miteinander kombiniert werden. Blauer Lavendel und weißes Schmuckkörbchen werden in ihrer maritimen Ausstrahlung durch hohe, weiße Gefäße vor einer blau gestrichenen Holzwand unterstützt. Nostalgisch anmutendes Gartenmobiliar ist eine perfekte Ergänzung dazu.

↑ Moderne **Wellenstruktur** bei den Gefäßen. In den großen Pflanzschalen bilden Australische Gänseblümchen und sternförmige Glockenblumen die blütenreichen Füllungen.

← Weiße Blüten von Margeriten und Astilbe wirken im hellblauen Kübel wie **Schaumkrönchen** auf dem Meer. Männertreu schwappt mit seinen hunderten von kleinen Blüten über den Rand des Gefäßes.

Style:

Das „Pack die Badehose ein"-Gefühl folgt einigen wenigen Grundregeln. Hier die Kurzübersicht zum maritimen Stil:

✻ Die Farbe macht's. Blau-Weiß ist bei diesem Thema eindeutig Trumpf! Sowohl bei Pflanzen als auch bei Accessoires.

✻ Ein bisschen Nostalgie darf sein. Anklänge an die Bäderromantik der Jahrhundertwende finden sich im Mobiliar wieder.

✻ Konsequenz ist auch bei der Gefäßauswahl angesagt. Für die legere Edeloptik unbedingt bei einer Gefäßform und Oberflächenart bleiben.

Blumen-Riviera

Der Italien-Urlaub liegt noch in weiter Ferne und von „dolce far niente“ ist noch keine Spur? Nichts desto trotz können Sie sich ein Stück des mediterranen Lebensgefühls nach Hause holen. Wir zeigen Ihnen, wie!

← Die **Mischung** macht's: Eine alte Büste, Agaven und ein elegantes Terrakotta-Gefäß, bepflanzt mit bekannten Sommerblumen, heißt die Gäste schon am Eingang willkommen.

↑ Dekorieren Sie im **Doppelpack** – paarweise angeordnet strahlen diese Kübel ungezwungene Lebensfreude aus. Südlicher Look entsteht mit Salbei, Wandelröschen, Eisenkraut und einem Orangenstrauch.

↑ Lassen Sie „**la dolce vita**" schweben: Heiter präsentiert sich die Keramikampel mit Zauberglöckchen, Männertreu, Drillingsblume und Geranien.

→ Das **Stillleben** mit mediterranem Charme lädt zum Verweilen ein. Aus den beiden Wandamphoren quellen üppig Drillingsblume, Elfenspiegel, Salbei und Geranien.

↑ **Balkonkästen** müssen nicht immer hängen. Auch breite Brüstungen, Simse oder Nischen eignen sich gut, um Sandnelken, Wandelröschen, Zauberglöckchen, Strohblume, Lavendel und Fetthenne ein Heim zu geben.

← Eine morbide **Mauer** wird mit der farbenfrohen Kombination aus Eisenkraut, Geranien, Drillingsblume und Begonie zum leuchtenden Blickpunkt. Dazu passend werden die Terrakotta-Töpfe von Metallstäben in Antikoptik gehalten.

Style:

Zauberwort Terrakotta! Ohne die italienischen Tongefäße in klassischen Formen, wie Amphoren, Töpfe mit wulstartigen Rändern oder ornamentalen Verzierungen, ist der Riviera-Look nicht denkbar. Deshalb im Zweifel lieber etwas mehr in qualitativ hochwertige Impruneta-Ware investieren. In die Gefäße kommen dann Hängegeranien, Eisenkraut, Goldzweizahn, Wandelröschen oder Begonien. Vielfalt ist nicht nur bei der Bepflanzung der Trick. Der Look wird erst perfekt, wenn mehrere bunt bepflanzte Gefäße beieinander stehen.

Blühende Crossover-Hits

Keine Zeit für's Weltenbummeln? Macht nichts. Mit den neuen Kombinationen aus altbekannten und exotisch wirkenden Pflanzen schaffen Sie sich Ihren eigenen Blütendschungel – direkt vor Ihrer Tür.

← Die einzelnen Pflanzen sind jedem bekannt. Doch die **wilde Mischung** aus Geranie, Polarstern, Fleißigem Lieschen, Buntnessel und Kapkörbchen bringt im ausgefallenen Gefäß eine kräftige Portion Exotik auf die Terrasse.

↑ Mit Begonien, Zauberglöckchen und Dahlien in Rot sowie Paprika und Zierklee in Grün begegnen sich hier zwei **Komplementärfarben**. Als Vermittler wird daher Gelb in Form eines strahlenden Mädchenauges eingesetzt.

← **Intensive Farben** im ausgewogenen Mix machen den Reiz dieser Bepflanzung aus. Akteure sind Geranie, Mittagsblume, Buntnessel, Wandelröschen, Angelonie, Männertreu und Edellieschen.

1 Angelonie (Angelonia Cultivar) 2 Strohblume (Xerochrysum bracteatum) 3 Buntnessel (Plectranthus scutellarioides)

Blühende Crossover-Hits

↑ Wie ein **Mitbringsel** aus fernen Ländern wirkt der lässig auf das Sims gestellte Tontopf mit bronzefarbenen Strohblumen.

→ Mit der violetten Drillingsblume kommt **tropisches Flair** direkt nach Hause. Herrlich exotisch in der Kombination mit Dahlie, Buntnessel und Petunie im strahlend blauen Kübel.

→ Indisches Blumenrohr und Süßkartoffel – schon die Namen **wecken Fernweh**. Ergänzt werden die Exoten mit dunkellaubigem Zierklee, Petunien und Strohblumen vorne, mit Zauberglöckchen, Buntnessel, Studentenblumen und Ziertabak hinten.

↓ **Unkonventionelles Allerlei**: Verschiedene bunte Blatt- und Blütenpflanzen wie Wandelröschen, Männertreu und Buntnessel sind da gemischt. Besonderer Hingucker: das Gras im hinteren Gefäß.

4

5

6

4 Edellieschen (Impatiens Neuguinea-Gruppe) **5** Indisches Blumenrohr (Canna indica) **6** Drillingsblume (Bougainvillea spectabilis)

Erfrischend grün

Ohne Frage: Grün steht für Wachstum und Gesundheit sowie für Kreativität und Planungsfreude. Aus erfrischend wirkenden Pflanzungen lässt sich neue Energie schöpfen. Hier ein paar Ideen für Vorwärtsstürmer.

← Gelb-Grün wirkt besonders **belebend**: Die Kombination entsteht hier aus Zauberglöckchen, Löwenmäulchen und Johanniskraut.

↑ Weiß-Grün wirkt besonders **erfrischend**: Die Blüten der stark wachsenden Petunien und Zauberglöckchen werden hier mit Funkie und einem Ziergras kombiniert.

← Apfelgrün wirkt besonders **stärkend**: Süßkartoffeln (zum Beispiel die Sorten 'Light Green' oder 'Terrace Lime') wuchern hier als Monopflanzung üppig über den Gefäßrand hinaus.

Pflanzen:

Für den frischen Look in Grün eignen sich auch folgende Pflanzen:

- **Buntnessel (Plectranthus scutellarioides, z. B. Sorte 'Quaterback')**
- **Purpurglöckchen (Heuchera Cultivar, z. B. Sorte 'Key Lime Pie')**
- **Elfenspiegel (Nemesia Cultivar, z. B. Sorte 'Citron')**
- **Fackellilie (Kniphofia Cultivar, z. B. Sorte 'Little Maid')**
- **Ziertabak (Nicotiana alata, z. B. Sorte 'Lime Green')**
- **Langblättrige Wolfsmilch (Euphorbia longifolia)**
- **Nestfarn (Asplenium nidus)**
- **Grünlilie (Chlorophytum comosum)**

Blühende Diven

Sie sind die Stars, nach denen sich jeder umdreht: Hochstämmchen lieben den großen Auftritt auf der Terrasse und umgeben sich gerne mit schmückenden Statisten.

← **Blitzlichtgewitter** garantiert: Als Hochstämmchen sind Wandelröschen am schönsten. Damit der kleine Baum den ganzen Sommer über in üppiger Blüte steht, muss das Verblühte regelmäßig entfernt werden. Am besten mit Handschuhen, denn die Beeren sind giftig!

→ Noch schöner sind sie in Begleitung: Eine **Unterpflanzung** von Hochstämmchen mit Sommerblumen erhöht die Wirkung um ein Vielfaches. Vor dem Einwintern sollte man jedoch die Unterpflanzung gründlich aus dem Substrat entfernen, um Fäulnis während der Ruhephase zu verhindern.

← Bei Kübelpflanzen, die **hoch hinaus** wachsen, wie diese Seidenpflanze, sollten Sie immer darauf achten, dass die Pflanzen richtig fest und stabil im Topf sitzen. Wackelkandidaten am besten an einen Stab binden.

Tipp:

Sie können aus fast jeder Pflanze selbst ein Hochstämmchen ziehen, wenn Sie nur genügend Zeit und Mühe investieren.

Ausgangsmaterial ist ein bewurzelter Steckling oder eine kleine Pflanze einer stark wachsenden Sorte. Die Pflanze muss gut gepflegt werden (gießen, düngen, umtopfen) und so bald wie möglich an einen Stab gebunden werden. Alle Seitentriebe kontinuierlich entfernen, bis der Haupttrieb die gewünschte Höhe erreicht hat. Dann müssen die ersten zwei bis drei Blattverzweigungen an der Spitze entfernt werden, damit die Seitenverzweigung angeregt wird und sich eine Krone bilden kann. Dieses „Stutzen" muss dann bei den neuen Austrieben immer wieder durchgeführt werden, bis man eine dichte Krone erhält.

Romantic Garden

It's tea time, Mylady! Die neue Nostalgie-Welle erwischt jeden, der auch nur ein bisschen für englische Gartenkultur übrig hat. Lust bekommen? Lassen Sie sich auf die Insel entführen!

← Üppig muss er sein, der englische Gartentraum zwischen blühenden Rosen und Stauden. In diesem Ambiente lässt sich die **Teestunde** am späten Nachmittag stilecht verbringen.

↑ Üppig ist nicht nur die Bepflanzung. Damit der Look richtig **viktorianisch** wird, dürfen auch die Gefäße einmal etwas stärker dekoriert sein. Das verschnörkelte Relief lässt die Bepflanzung noch reichhaltiger wirken.

↑ Platz ist auf dem kleinsten Tisch. Nach diesem Motto wird jeder verfügbare Raum zur romantischen Dekoration mit **rosa** blühenden Rosen und Fleißigen Lieschen genutzt.

→ Der Genuss für die Augen ist wahrlich **zauberhaft**! Eine Topfrose gibt Höhe, Fleißiges Lieschen und Edellieschen sorgen für Fülle, Blaue Mauritius und Gundermann ranken verspielt den Topf herunter.

→ Auch ein schlichtes Zinkgefäß verbreitet **Cottage-Charme**. Gefüllt ist es mit Hortensie, Rose, Fleißigem Lieschen, Ziersalbei und rankender Mühlenbeckie. Ein Lavendelkränzchen stimmt romantisch.

← **Traumpaar**: Der Topf mit wuchernden Fleißigen Lieschen und Petunien wirkt harmonisch neben dem Gefäß, das mono mit Funkien gefüllt ist.

Style:

Willkommen in der Welt von Rosamunde Pilcher – es geht ganz einfach:

- **Nutzen Sie helle Pflanzgefäße wie glasierte Keramik, Zinkschalen oder geweißte Holzkörbe.**
- **Setzen Sie klassisch wirkende Pflanzen wie Fleißiges Lieschen, Fuchsie, Topfrose und Petunie – möglichst gefüllt und in Pastellfarben – mit Stauden wie Funkie, Bartfaden und Lavendel zusammen.**
- **Die passenden Gartenmöbel zum Look: Weiß lackiertes, geschwungenes Eisenmobiliar mit hochwertigen Holzsitzflächen.**

Die Wärme des Südens

Viva España! Bei sommerlicher Hitze sollen im Garten nicht nur die Temperaturen, sondern auch die Dekoration an südliche Gefilde erinnern. Willkommen im katalanischen Sonnenzimmer!

← Spanisches **Temperament**. Das große Gefäß ist im bunten Mix bepflanzt mit Blutsalbei, Kapmargerite und Studentenblume, die kleinen mono.

↑ Eine ungewöhnliche Kombination im **Doppelpack**, die von der dunkelroter Keulenlilie dominiert wird. Diese verträgt sogar leichten Frost bis etwa -5 °C und lässt sich hell und luftig bei etwa 10 °C überwintern.

Die Wärme des Südens

↑ Aus rot-, orangefarbenen und gelben Blüten und Blättern von Ringelblumen, Kapkörbchen, Dahlien, Salvien und Buntnessel entsteht die Bepflanzung der modernen **Terrakotta-Kübel**. Damit der auffällig gestaltete Rand der Gefäße zu sehen bleibt, eher stehende Arten auswählen!

→ Ein **starkes Trio**, bei dem die sonnige Laune wie von selbst kommt. Hinten leuchten Ringelblumen, in der Mitte Studentenblumen. Einen farbintensiven Blickpunkt schafft Blutsalbei vorne.

↑ Der **südländische Look** ist ganz unkompliziert – nur zusammen passen müssen die Elemente. Die Buntnessel-Sorte 'Freckles' besitzt ingwerfarbenes Laub, das unregelmäßig mit rostroten Flecken überzogen ist. Das perfekte Gefäß dazu hat eine eher kugelige Form und ist mit einer curryfarbenen Glasur überzogen.

Wissenswert:

Kaum eine Pflanze, kann es in der Vielfalt der Blattfarbe mit der Buntnessel aufnehmen. Es gibt sie von fast schwarz (z. B. 'Black Prince') über leuchtend rot-orange (z. B. 'Sedona') bis hin zu grün-gelb (z. B. Ruffles ' Lime'). Für die Laubfärbung braucht die Buntnessel viel Licht. Genauso anspruchslos wie die Pflege ist die Vermehrung. Mit einem scharfen Messer ungefähr einen halben Zentimeter unter dem zweiten oder dritten Blattpaar einen Steckling schneiden. Den Trieb in ein Wasserglas stellen und warten, bis sich Wurzeln gebildet haben. Nach etwa vier Wochen kann die Nessel eingepflanzt werden.

Adrett im Duett

Fred Astaire und Ginger Roberts, Tarzan und Jane oder Caesar und Cleopatra – berühmte Paare gab es in der Vergangenheit genug. Diese Gefäßpaare aus Geflecht und Ton machen es den berühmten Vorbildern nach und wollen nie mehr auseinander gehen.

← Leuchtend gelbe Strohblume und blaues Männertreu. Bei diesem **Gespann**, durch Peddigrohrbögen miteinander verbunden, kann sogar die Sonne nicht widerstehen!

→ Dunkellaubiger Zierklee und rote Geranie. Durch biegsame Zweige miteinander **verbunden** demonstrieren die beiden: Wir gehören zusammen.

← Uns verbindet ein starkes Band: Grüner Klee und gelbes Mädchenauge sind ein **Duo**, dem auch ein Sommerregen nichts ausmacht. Wer weiß, vielleicht findet sich in der Wartezeit ein vierblättriges Kleeblatt?

Tipp:

„Gleich zu gleich gesellt sich gerne" oder „Gegensätze ziehen sich an". Wie halten Sie's? Für alle, die sich das letztere Motto auf die Fahnen geschrieben haben, hier weitere Kombinationsvorschläge:

* **Indisches Blumenrohr (Canna indica) und Torenie (Torenia fournieri)**
* **Rudbeckie (Rudbeckia hirta) und Purpurglöckchen (Heuchera Cultivar)**
* **Edellieschen (Impatiens Neuguinea-Gruppe) und Goldzweizahn (Bidens ferulifolia)**
* **Buntnessel (Plectranthus scutellarioides) und Staudengeranie (Geranium himalayense)**
* **Vanilleblume (Heliotropium arborescens) und Husarenknöpfchen (Sanvitalia procumbens)**

Herrlich nostalgisch

So würden Prinzessinnen pflanzen. Zarte, kleine Blüten in Pastelltönen zaubern Märchenstimmung auf Balkon und Terrasse. In der Sonne wie im Schatten.

← **Kasten „Anna"**: Bei dieser Bepflanzung wurde bewusst auf allzu stark hängende Blumen verzichtet. Im Laufe des Sommers entwickelt sich so ein bezaubernder Kasten mit kompakten Umrissen.

→ Kasten „Julia": Sanfte Ton-in-Ton-Harmonie, überhängender Wuchs, ein Blütenmeer: Das ist der Sommertraum für romantische Stunden.

← Ampel „Laura": Hängefuchsien senden Blütenkaskaden gen Boden. Die Ampel passt perfekt in einen ganz privaten Rückzugsraum.

Pflanzen:

* **„Julia":** **Schneeflockenblume (Sutera Cultivar), Taubnessel (Lamium maculatum), Knollenbegonie (Begonia Tuberhybrida-Gruppe), Fuchsie (Fuchsia Cultivar), Fleißiges Lieschen (Impatiens walleriana)**

* **„Anna":** **Eisenkraut (Verbena Cultivar), Petunie (Petunia Cultivar), Geranie (Pelargonium zonale), Elfensporn (Diascia Cultivar)**

* **„Laura":** **Fuchsie (Fuchsia Cultivar), Gundermann (Glechoma hederacea), Efeu (Hedera helix), Knollenbegonie (Begonia Tuberhybrida-Gruppe)**

Herrlich nostalgisch

↑ Kübel „Mia“: „Gestaffelt“ nennt man diese Art der Bepflanzung, bei der deutlich drei verschiedene Ebenen unterschieden werden können.

→ Wanne „Diana“: Bei der Füllung der matten Zinkwanne ist Harmonie gefragt. Es kommen ausschließlich gefüllte Blüten zum Einsatz.

↑ Kübel „Nina“: Die nostalgisch anmutenden Blüten stehen hier in spannungsreichem Kontrast zu dem glänzenden Zinkgefäß mit modernem Schnitt. Besonders empfehlenswert ist eine solche Kombination, wenn die edle Üppigkeit alter Zeiten mit modernen Ansprüchen an das Wohnumfeld verknüpft werden soll.

Pflanzen:

✻ „Mia“: Bartfaden (Penstemon barbatus), Hortensie (Hydrangea macrophylla), Fleißiges Lieschen (Impatiens walleriana), Mühlenbeckie (Muehlenbeckia axillaris), Edellieschen (Impatiens Neuguinea-Gruppe)

✻ „Diana“: Fleißiges Lieschen (Impatiens walleriana), Topfrose (Rosa Cultivar), Mühlenbeckie (Muehlenbeckia axillaris)

✻ „Nina“: Fleißiges Lieschen (Impatiens walleriana), Mühlenbeckie (Muehlenbeckia axillaris), Storchschnabel (Geranium himalayense)

Coole Petunien-Kombi

Petunien sind die Klassiker auf dem sommerlichen Balkon oder der Terrasse. Kombinieren Sie doch mal die neuen Sorten in Blau-Weiß. So wirkt Altbekanntes sehr modern und spritzig frisch.

← Der Enzianstrauch als **Klassiker** wird hier mit einer Petuniensorte unterpflanzt, deren dunkler Schlund sich stark von den rein weißen Blüten abhebt. Dazu gesellt sich ein üppig bepflanzter zweiter Kübel.

→ Ein **frischer Rahmen** für die dunkellaubige Süßkartoffel. Weiße Löwenmäulchen und himmelblaue Petunien sind die perfekten Partner.

← **Richtig cool** wirkt diese Kombination ganz in Weiß aus kleinblütigen Petunien mit gewelltem Rand, Gazanien und blauen Accessoires.

Gewusst:

Petunien verschönern den Sommer mit einer unübertroffenen Blütenpracht. Klar, dass dieses Wachstum gut gepflegt sein muss. Absolut unerlässlich ist deshalb ausreichendes Gießen und Düngen mit einem eisenhaltigen Präparat. Regelmäßiges Ausputzen fördert die Blüte. Die Pflanzen sollten außerdem ab und zu auf Schädlingsbefall überprüft werden, denn leider lieben nicht nur Gartenfreunde die reich blühenden Pflanzen. Vor allem Blattläuse und Weiße Fliegen können die Petunien schwächen. Lieber rechtzeitig mit biologischen Gegenspielern wie Schlupfwespe und Florfliegenlarven bekämpfen!

Alles im Korb

Ländlich-natürlichen Charme versprühen Balkon, Terrasse und Garten durch leuchtende Farben und fröhliche Blütenformen. Doch auch die richtige Wahl der Gefäße ist entscheidend. Körbe unterstützen die rustikale Ausstrahlung am besten und lassen sich leicht bepflanzen.

← Klare Farben geben den Ton in diesem großen **Korb-Solitär** an, der mit Geranien, Mädchenauge, Rittersporn und Husarenknöpfchen bepflanzt ist. Begleiter im Pflanzen-Mix sind Taubnessel und Silberstrohblume.

↑ Eine frei **schwingende Ampel** aus Korbgeflecht setzt blühende Akzente in der Höhe. Margerite, Geranie und Goldköpfchen werden so zum besonderen Blickfang.

Alles im Korb

↑ Ein **Bauerngarten** ist ohne Geranien kaum denkbar. Die hängende Sorte 'Ville de Paris', die als „Franzosen-Geranie" bekannt ist, wird auch als Säule gezogen. Besonders praktisch: Die Sorte ist selbstreinigend, ausputzen muss man also nicht.

→ **Leuchtendes Abendrot** – und dieser Pflanzkorb auf der Westterrasse. Die Blüten von Verbene und Knollenbegonie sowie die Blätter der Buntnesseln werden zu glühen beginnen, meinen Sie nicht?

↑ Eine **große Vielfalt** auf kleiner Fläche versammelt sich in dem Korb mit Blattschmuck-Geranie, Knollenbegonie, Ziertabak, Rudbeckie und Kapmargerite. Schon beim Pflanzen darauf achten, dass alle Pflanzen fest in der Blumenerde sitzen und durch und durch gewässert sind!

Gewusst:

Die Geranie ist eine der beliebtesten Balkonblumen. Hier die wichtigsten Fakten:

- **Hängegeranien (Pelargonium peltatum) erkennt man an den harten, unbehaarten Blättern. Beliebte Sortengruppen: 'Ville', 'Cascade'.**
- **Stehende Geranien (Pelargonium zonale) haben weiche, behaarte Blätter. Ihre Blüten erscheinen in dichten Dolden. Eine außergewöhnliche Optik besitzt die Sortengruppe 'Fireworks'.**
- **Duftgeranien (Pelargonium graveolens) haben nur unscheinbare Blüten, dafür einen interessanten Zitronenduft.**

Tropical Feeling

Mit tollen Pflanzideen und trendigen Accessoires genießen Sie den Sommer auf dem eigenen Balkon als wären Sie im Feriendomizil. Warum denn in die Ferne schweifen, wenn das Urlaubsgefühl so nahe liegt?

← Nichts wie **ab auf die Liege**! Für fröhliche Entspannung sorgen Schwarzäugige Susanne und Porzellanröschen im direkten Umfeld.

↑ **Badelatschen** mal wieder verlegt? Kann sein, dass sie diesen Sommer als Accessoire im bunt bepflanzten Kasten als Begleiter von Fleißigem Lieschen, Studentenblume, Celosie und Wandelröschen wiederzufinden sind.

← Wie wäre es denn einmal mit einer sommerlichen **Cocktailparty**? Die passende Dekorationsidee sehen Sie hier: Die Schmetterlingsblume ist eine tropisch anmutende Petunienart und macht in einem südländischen Terrakottagefäß mit einer großen Zitronenscheibe aus Styropor eine wirklich gute Figur.

So geht's:

Rezeptideen für die Cocktail-Party

Planter's Punch – mit Alkohol

3 cl weißer Rum ✻ 3 cl brauner Rum ✻ 4 cl Zitronensaft ✻ 8 cl Orangensaft ✻ 1 cl Grenadine

Zutaten auf Eis im Shaker gut schütteln und ins Glas füllen. Grenadine darüber gießen.

Coconut Kiss – alkoholfrei

2 cl Kokosnusssirup ✻ 3 cl Sahne ✻ 4 cl Ananassaft ✻ 4 cl Orangensaft ✻ 4 cl Kirschsaft

Alle Zutaten bis auf den Kirschsaft im Shaker mixen. Ins Glas gießen und mit Kirschsaft auffüllen.

Dschungelfieber

Gegen akute Anfälle von Dschungelfieber ist ein Kraut gewachsen. Genau genommen: viele krautige Pflanzen. Holen Sie sich die tropische Üppigkeit doch einmal einen Sommer lang zu sich nach Hause!

← **Papageienbunt** ist's auch im heimischen Dschungel. Die Farben, die diesen Look machen, sind Grün, Violett und Pink. Hält man sich an diese Vorgaben, gelingt der Rest (fast) von alleine. Die Kübel wirken schön üppig, Pentas und Edellieschen geben dem Arrangement den Farbkick.

↑ Gelb-grüne Buntnesseln in Kombination mit weißen Fleißigen Lieschen, blauem Männertreu, violetten Petunien und Lavendel – das ist so üppig wie im **Regenwald**. Im Halbschatten halten Männertreu und Lieschen auch den ganzen Sommer über durch!

Dschungelfieber

↑ Entspannung inmitten eines prickelnden Farbenspiels. Besonders gut kommt das violette **Blütenmeer** zur Geltung, wenn es vor einem ruhigen Hintergrund platziert wird.

→ Ein Paar, das unterschiedlicher kaum sein könnte, sich aber perfekt ergänzt. Purpurglockenwein rankt mit seinem **Blattwerk** und kleinen rosaroten Blüten üppig am Stab empor, während im anderen Gefäß niedrigere farbenprächtige Blüten und Blätter wuchern.

↑ Die Kombination von Weiß und Grün wirkt cool. Damit trotzdem noch **Dschungelflair** aufkommt, den Kübel unbedingt überhängend bepflanzen und violette Akzente in Form von Petunien einstreuen!

Tipp:

Soll es so üppig blühen wie im Regenwald? Dann ist neben der richtigen Pflanzenauswahl die Düngung sehr wichtig.

Stickstoff (N), Phosphor (P) und Kalium (K) sind die drei wichtigsten Nährstoffe für Pflanzen. In Flüssigdünger sind sie in einem ausgewogenen Verhältnis zueinander gemischt. Dünger, der speziell für Blütenpflanzen entwickelt wurde, ist dabei P-betont, Dünger für Blattpflanzen eher N-betont. Spezieller Petuniendünger enthält darüber hinaus Eisen. Der Flüssigdünger wird dem Gießwasser nach Anleitung zugegeben. Zuviel schadet den Pflanzen. Außerdem sollte die Erde feucht sein, wenn gedüngt wird.
Wem wöchentliches Düngen zu anstrengend ist, kann dem Substrat schon beim Pflanzen Langzeitdünger beimischen.

Ruhe für die gestresste Seele

Hektik und Stress bestimmen oft unseren Tagesablauf. Schaffen Sie sich eine Auszeit vom Alltag mit Wellness-Bepflanzungen, bei deren Anblick Sie neue Energie tanken können!

← Beruhigend wirken Farbkombinationen mit Weiß, Rosa und Violett. **Balsam** für die gestresste Seele ist außerdem ein eher abfließender Gesamteindruck. So lehnt sich die Erscheinung der Bepflanzung an den sanften Wasserfluss des Quellsteins an.

↑Verbene, Salbei, Süßkartoffel, Petunie und Elfenspiegel läuten die **Erholungsphase** schon am Gartenzaun ein.

←Hier liegt der Entspannungswert nicht nur im Anblick. Auch der **Geruchssinn** wird durch die ätherischen Öle von Lavendel, Salbei und Rosmarin im Korb angeregt.

Tipp:

Fließendes Wasser im Garten oder auf Balkon und Terrasse schafft durch sein Plätschern eine meditative Grundstimmung und zieht viele interessante Tiere wie zum Beispiel Libellen an. Für kleinere Balkone eignen sich Wasserfässer, die mit einem dekorativen Wasserspeier verziert sein können. Auch Quellsteine haben ihren Reiz. Sie wirken ruhiger als spritzige Brunnen. Soll die Wasserstelle bepflanzt werden, unbedingt auf genügend Schatten achten. In der Sonne erhitzt sich das Wasser viel zu schnell – die Pflanzen würden eingehen.

Villa Kunterbunt

Ein Sommerspaß für die ganze Familie. Machen Sie sich die Gartenwelt, wie sie Ihnen gefällt. Blumig und unkompliziert!

← Bunte Zinnien und Dahlien schmücken das Fensterbrett als fröhliche **Taschenfüllung**. Damit die Blumen gut gedeihen, entweder Löcher in den Boden der Kunststofftasche bohren oder täglich auf Staunässe kontrollieren.

↑ Absolut **familienfreundlich** sind die großen Kunststoffwannen. Ganz im Stile eines großen schwedischen Möbelhauses sind sie mit einer lebhaften Mischung aus einjährigen Sommerblumen wie Elfensporn und Zinnie sowie mit Sommerstauden wie Weiderich und Rittersporn bepflanzt.

Villa Kunterbunt

↑ Das ist doch **kinderleicht**! Für unbeschwerten Sommergenuss sind die bunten Töpfe immer mono bepflanzt, zum Beispiel mit Margeriten, Zinnien oder Petunien.

→ Ganz schön **bunt** kommt diese blühende Gruppe daher. Mit Mädchenauge, Geranie, Gerbera und Löwenmäulchen sind die beiden größten Kübel gestaltet. Die kleineren mono bepflanzten Gefäße setzen Farbschwerpunkte durch gelbe Studentenblumen und rote Nelken.

↑ Ganz easy ist das Lebensgefühl, das sich mit diesen Pflanzideen verbindet. Hier wachsen Margeriten, Studentenblumen, Elfensporn und Torenie in einer schlichten **Zinkwanne**.

Tipp:

Langeweile auf Balkon und Terrasse war gestern. Heute ist ein fröhliches Zusammenspiel unterschiedlicher Formen und Farben angesagt. Das besondere Etwas erhält die Bepflanzung dabei oft durch ungewöhnliche Gefäße. Die müssen nicht immer neu gekauft und teuer sein. Selbst gemacht ist sowieso viel schöner. So lackieren Sie Metallgefäße dauerhaft und richtig: Für ein gleichmäßiges Ergebnis sollte die Oberfläche erst mit Metallreiniger vorbehandelt werden. Anschließend einen speziellen Haftgrund vorstreichen. Besonders wetterfest ist Acryllack, bei dem die Farbpigmente in Wasser gelöst sind. Der Lackfilm bildet sich, wenn das Wasser verdunstet. Er kann dann nicht mehr durch Wasser gelöst werden und ist somit auch für Draußen geeignet.

Bleibende Schönheit
Stauden und Gehölze

Keine Eintagsfliegen: Stauden und Gehölze tanzen länger als nur einen Sommer. Wer Wert auf mehrjährigen Blühspaß legt, kann sich an der Verschönerung von Balkon und Terrasse mit dauerhaften Pflanzen versuchen.

← Damit sich jede einzelne Pflanze voll entfalten kann, die Gefäße **nur mit einer Art** bestücken und lieber zu mehreren zusammenstellen. Kletterrose, Braunelle und Prachtspiere zieren eine Haustür.

↑ Für Auge und Nase ein **Hochgenuss**: Blau blühender Salbei im Topf. Soll er länger als eine Saison im selben Gefäß verbleiben, unbedingt ausreichend düngen!

↑ So lässt sich der Sommer **genießen**! Von duftendem Lavendel und Rosen umgeben, entspannt es sich doppelt so gut!

→ Auch die Geranie zählt eigentlich zu den Stauden. Das A und O ist in unseren Breiten die richtige **Überwinterung**. Nach einem kräftigen Rückschnitt im Herbst soll sie hell, luftig und kühl bei etwa 10 °C erfolgen.

† **Hoch hinaus**: Mit einer Höhe von bis zu 75 Zentimetern zählt die Prachtspiere nicht gerade zu den kleinen Sommerblumen. Für Hobbyfloristen ist sie besonders interessant, weil sich die Blütenstände – ähnlich wie beim Lavendel – zum Trocknen eignen und im Herbst oder Winter zu wunderbaren Arrangements verarbeitet werden können.

Pflanzen:

Stauden und Gehölze auf Balkon und Terrasse sind reizvoll und ungewöhnlich. Damit sich auch gärtnerischer Erfolg einstellt, müssen die Pflanzen richtig ausgewählt und gepflegt werden.

*** Rosen (Rosa Cultivar): Topfware in ein Gefäß mit tiefem Wurzelraum pflanzen. Mehltau resistente Sorten bevorzugen. Regelmäßig auf Schädlingsbefall und Krankheiten prüfen.**

*** Prachtspiere (Astilbe x arendsii): In „schweren Boden" pflanzen. Kübelpflanzenerde enthält häufig einen höheren Tonanteil als normale Blumenerde und bietet so optimale Bedingungen.**

*** Lavendel (Lavandula angustifolia): Unkomplizierter Sommergenuss, weil Lavendel auch eine Trockenperiode übersteht. Für eine üppige Blüte im Folgejahr im Herbst stark zurückschneiden.**

Blütenträume für die blaue Stunde

Am Morgen, kurz vor Sonnenaufgang, und am Abend, kurz nach Sonnenuntergang, ist die ganze Welt in das kühle blaue Licht getaucht, das schon so manchen Poeten inspiriert hat. Schaffen Sie sich Ihre ganz persönliche blaue Stunde mit diesen Blütenträumen, zu jeder Tageszeit!

← Hier baumelt nicht nur die **Seele**. Charmante Ampel mit Australischem Gänseblümchen, Vanilleblume, Lakritzstrohblume, Petunie und Männertreu.

↑ Wer träumt nicht davon, ein **Blütenmeer** zu Füßen zu haben? Mit Kapmargerite, Eisenkraut, Schneeflockenblume und Lavendel schwappt die blaue Welle schnell über den Rand des Balkonkastens.

← Eine **schöne Aussicht** auf den Kasten mit Fächerblume, Petunie, Vanilleblume, Lakritzstrohblume und Australischem Gänseblümchen.

Gewusst:

Schon die Dichter der Romantik haben sie gesucht und besungen, die „blaue Blume“, die das Streben nach Erkenntnis symbolisiert. Genauso schwierig wie in der Literatur gestaltet sich im richtigen Leben die Suche nach reinblauen Blüten. Das liegt daran, dass der für Blau zuständige Farbstoff Cyanin nur dann blau erscheint, wenn er in einem alkalischen Milieu vorliegt. Im sauren Milieu erscheint der selbe Farbstoff Rot. Für das Pflanzenwachstum ist im Allgemeinen ein leicht saurer bis neutraler pH-Wert von 6,5-7,5 optimal, so dass die Blüten eher Rot oder Violett erscheinen.

Ampeln für das sonnige Gemüt

Nicht genug Platz auf der Terrasse für viele Kübel und Kästen? Gehen Sie doch in die Luft! Ampeln, die mit Hängepflanzen in sonnigen Farben bepflanzt sind, setzen dann blumige Akzente in der Höhe.

← Ein besonders freundlich dreinblickender **Sonnenanbeter** verschönert hier die Terrasse: das Husarenknöpfchen. Es blüht aber nicht nur in der Ampel unermüdlich. Auch im Blumenbeet macht es als Bodendecker eine gute Figur.

→ **Klassische Kombination** für Ampeln in vollsonniger Lage, die unter anderem mit Geranie, Eisenkraut und Petunie entsteht. Sie strahlt mit der Sonne um die Wette.

← Rote Zauberglöckchen und blaue Gänseblümchen fühlen sich im **Halbschatten** genauso wohl wie in der Sonne. Für eine ausgewogene Optik immer Pflanzen kombinieren, die ähnlich stark wachsen!

1

2

3

1 Hängegeranie (Pelargonium peltatum) 2 Knollenbegonie (Begonia Tuberhybrida-Gruppe) 3 Husarenknöpfchen (Sanvitalia procumbens)

Ampeln für das sonnige Gemüt

↑ **Luftig und verspielt** wirbeln rote Hängegeranien aus einer Ampel. Mono gepflanzt kommen die Blüten besonders gut zur Geltung.

→ Mit ihren großen gefüllten Blüten ist die Knollenbegonie ein richtiger **Hingucker**. Doch Schönheit hat ihren Preis: Regen mögen die Blüten gar nicht. Und auch vor starkem Wind sollte man die empfindlichen Blüten schützen.

↑ Die meisten Ampeln sehen im Frühsommer, kurz nach dem Pflanzen, noch gar nicht so üppig aus. Achten Sie auf die **richtige Pflege** und vor allem: Düngen Sie die Blumen regelmäßig!

4 Eisenkraut (Verbena Cultivar) 5 Goldzweizahn (Bidens ferulifolia) 6 Petunie (Petunia Cultivar)

Plätzchen im Schatten

Wer Ruhe und Muße sucht, wird über kurz oder lang ein Schattenplätzchen zu seinem Lieblingsort machen. Kein anderer Bereich wirkt so friedlich und erholsam. Das findet auch die Fuchsie, die sich im Schatten besonders wohl fühlt.

← Fuchsien und Fleißige Lieschen sind das **Dreamteam** im Schatten. Beide blühen üppig einen ganzen Sommer lang. Außerdem besitzt der Kontrast zwischen Röschen- und Glöckchenblüten einen ganz besonderen Charme.

→ Fuchsien können leicht als **Hochstamm** gezogen werden. Bei der richtigen Pflege und optimalen Bedingungen werden sie sogar mannshoch.

← Ein sehr romantischer **Blütenregen** an der Ostseite des Hauses, auf der nur die Morgensonne steht. Dank intensiver Züchtungsarbeit sind viele moderne Fuchsiensorten jedoch auch für sonnige Standorte geeignet.

Gewusst:

Über 7000 verschiedene Sorten der Fuchsie sind weltweit heute erhältlich. In England war sie Mitte des 19. Jahrhunderts nicht nur als Zierpflanze begehrt, sondern wurde auch als Schnittblume in den mehrstufigen Blumengefäßen und Tafelaufsätzen des viktorianischen Zeitalters dekoriert. Heute arbeiten Gärtner an der Züchtung von rein gelben Blüten oder von Blüten mit blauer Krone, die nicht verblassen.

Ein Hauch von Luxus

Der Glanz alter Zeiten ist wieder da. Er wird modern interpretiert und überzieht Balkon und Terrasse mit einem Hauch von Luxus.

← **Extravaganz**: Die Mischung aus dunklen Farben und Pastelltönen macht aus der flachen Pflanzschale einen Blickfang.

↑ **Salonatmosphäre**: Mit dem üppigen Kasten gelingt das Kunststück, den Balkon in einen Salon zu verwandeln.

← **Art Déco**: Kontrastreich gestalten ist das Prinzip, das hinter dieser Optik steht. Möglichst dunkle Farben wie Schwarz, Dunkelviolett oder Dunkelbraun dabei mit Kontrastfarben wie Weiß und Lachsorange kombinieren.

Pflanzen:

Auf die gelungene Farbmischung kommt es an. So stehen z. B. helles Lachsorange und Weiß im Kontrast zu dunklen Farbtönen.

✻ **Extravaganz:** Eisenkraut (Verbena Cultivar), Silberröhrchen (Dichondra argentea), Feuersalbei (Salvia splendens), Süßkartoffel (Ipomoea batatas), Wandelröschen (Lantana camara)

✻ **Salonatmosphäre:** Elfenspiegel (Nemesia Cultivar), Knollenbegonie (Begonia Tuberhybrida-Gruppe), Ziertabak (Nicotiana alata), Eisenkraut (Verbena Cultivar), Süßkartoffel (Ipomoea batatas), Kapmargerite (Osteospermum ecklonis), Vanilleblume (Heliotropium arborescens)

✻ **Art-Déco:** Buntnessel (Plectranthus scutellarioides), Purpurglöckchen (Heuchera Cultivar), Knollenbegonie (Begonia Tuberhybrida-Gruppe), Gerbera (Gerbera jamesonii)

Herbst

Wärmende Herbstsonne

Mit der warmen Ausstrahlung gemischt bepflanzter Terrakotta-Schalen retten Sie ein wenig vom Sommer-Feeling hinüber in den Herbst. Besonders gut passen Blühpflanzen in verschiedenen Pinktönen und Gräser zu diesem Look.

← Die Zusammenstellung mehrerer Töpfe unterschiedlicher Größe und Form wirkt wie ein herbstliches **Stillleben**. Damit die Einzelgefäße zu einer Einheit werden, sind verbindende Elemente nötig, die hier durch das Material der Schalen und die Farbe der Blüten geschaffen werden.

↑ Wo kein Stellplatz für Schalen gefunden wird, übernehmen herbstlich bepflanzte **Hanging Baskets** die Dekoration. Geeignete Pflanzen sind zum Beispiel Herbstastern, Günsel, Fetthenne und Segge.

← **Gleich zu gleich** gesellt sich gerne: Alpenveilchen, Chrysanthemen und Erika passen aufgrund ihrer ähnlichen Färbung gut zusammen. Damit die Kombination nicht zu langweilig wirkt, schaffen Fetthenne und Blauschwingelgras vorne, Strauchveronika und Salbei hinten, beruhigte Bereiche.

Gewusst:

Die Farbe von Terrakotta (ital. „gebackene Erde") variiert je nach Ausgangsmaterial von Graubraun bis Rotbraun. Durch den Zusatz von bestimmten Mineralien kann mittlerweile auch fast schwarze und blaue Keramik hergestellt werden. Die bekannteste Terrakotta stammt aus Impruneta in der Toskana. Sie zeichnet sich durch hohe Frostbeständigkeit aus, die durch einen besonderen Rohton sowie eine sehr hohe Brenntemperatur erreicht wird.

Grün-weiße Frische

Ein neuer Look für den Herbstbalkon gefällig? Mit der richtigen Pflanzenkombination und einem Farbspiel zwischen Weiß und frischem Grün geht das einfacher, als Sie denken!

← Ein **neues Balkongefühl** entsteht mit Grün, Gelb und Weiß. Abwechselnd Efeu, Segge, Zierkohl, Besenheide und Pfennigskraut in die Kastenreihe pflanzen.

↑ Mit einem besonders schlichten Gefäß und einer Abdeckung aus Kieselsteinen wird aus der einfachen Gartenmargerite eine **stilvolle Herbstbepflanzung**. Für mehr Pepp kriechend wachsende Arten in ein zweites Gefäß pflanzen und dazu stellen.

1 Segge (Carex hachijoensis) 2 Staudenmargerite (Leucanthemum x superbum) 3 Efeu (Hedera helix)

Grün-weiße Frische

↑ **Winterharte Stauden** verschönern den Balkon länger als eine Saison. Die Pflanzen nach dem Abblühen einfach zurückschneiden und sobald sie im Frühling beginnen auszutreiben, regelmäßig düngen.

→ Die Schneeball-Hortensie kann gut alleine in einem Gefäß stehen. **Gesellschaftsfähig** ist sie jedoch auch in Begleitung von Segge, Rasenschmiele und Scheinsonnenhut.

↑ Alpenländisches Flair ist zu spüren, wenn das Edelweiß in moderne Gefäße gepflanzt und mit großen Kieseln versehen wird. Als typisches Gewächs des Alpinums ist es sehr Kalk liebend.

4 Rasenschmiele (Deschampsia cespitosa) 5 Edelweiß (Leontopodium alpinum) 6 Scheinsonnenhut (Echinacea purpurea)

Topfgarten

Eine stimmungsvolle Terrassengestaltung lebt nicht nur von der harmonischen Zusammenstellung der Pflanzen. Auch die Gefäße sollten darauf abgestimmt werden. Sie werden staunen, was sich als Gefäß zum Bepflanzen alles eignet.

← Dem halbierten **Weinfass** mit einer farblich zurückhaltenden Bepflanzung aus Fetthenne, Chrysantheme und Besenheide werden einige kleine Körbe mit bunt gesprühter Besenheide und aufregendem Günsel zur Seite gestellt.

↑ Die weiße Besenheide sitzt in einem selbst gemachten Übertopf aus einem ausgehöhlten **Kürbis**. Ganz natürlich wirkt die Manschette aus Herbstlaub.

← **Korb oder Tontopf**? Wem die Entscheidung schwer fällt, der kombiniert einfach beides zu einem ungekünstelten Arrangement.

Tipp:

Nicht nur Töpfe eignen sich zum Bepflanzen. Probieren Sie doch mal ein paar Alternativen!

* **Fässer: Halbierte Fässer immer mit einer Drainage-Schicht aus Styropor versehen, bevor die Erde eingefüllt wird. Das spart nicht nur Geld, sondern auch ordentlich Gewicht!**

* **Kürbisse: Sie sind leicht mit einem Löffel auszuhöhlen. Besonders für kleinere Dekorationen geeignet.**

* **Körbe: Schön herbstlich wegen des Erntebezugs und vor allem für rustikalere Bepflanzungen passend.**

Pretty in Pink

Blüten und Blätter in leuchtenden Pinktönen sind die wahren Schönheitsköniginnen des Herbstes. Entscheiden Sie selbst: Welche Kombination hat das Zeug zum Star auf Balkon und Terrasse?

← Üppiges Quartett. Ein wahrhaft prachtvolles Bild ergeben die vier Gefäße, in denen Besenheide, Chrysantheme und Alpenveilchen die blütenreiche Hauptrolle spielen. Gut dazu passt dunkellaubiges Purpurglöckchen, entweder in Kombination zu den Blüten oder auch solo in einem niedrigen Kübel.

→ Reizvolles Duett. Zwei recht ähnlich bepflanzte Schalen schmücken beispielsweise einen Treppenaufgang. Die Farbwirkung wird durch Erika und Chrysantheme erzielt.

← Freches Solo. Zum Pink des Zierkohls gesellen sich blaublütige Herbstastern und die Salbei-Sorte 'Purpurascens'. Alles zusammen wird von Efeu umspielt.

1 Zierkohl (Brassica oleracea)
2 Glattblatt-Aster (Aster nori-belgii)
3 Erika (Erica gracilis)

↑ **Harmonischer Einsatz**. Die Gefäßbepflanzung ist etwa genauso hoch wie die Schale. Diese Proportionen vermitteln Ruhe und Gleichklang. Eine perfekte Ergänzung zu dieser Gestaltung in Rosé sind Outdoor-Accessoires in Violett und Lila.

→ **Strahlender Auftritt**. Die hohe Fetthenne stiehlt den untergepflanzten Herbstblühern keinesfalls die Schau. Die unterschiedlichen Laubfarben betonen die niedrigeren Pflanzen.

↑ Buntes Ensemble. Die ganze Vielfalt des Herbstes findet sich hier in einer eckigen Schale. Unverzichtbar: Alpenveilchen, Chrysanthemen, Besenheide, Purpurglöckchen, Segge und Strauchveronika.

4 Alpenveilchen (Cyclamen persicum) 5 Fetthenne (Sedum telephium) 6 Chrysantheme (Chrysanthemum x grandiflorum)

Gut empfangen

Für den ersten Eindruck gibt es keine zweite Chance. Und der entsteht schon lange bevor Sie die Tür öffnen, auf dem Weg zum Eingang. Mit diesen Ideen zeigen Sie sich von Ihrer besten Seite.

← Herzlich geschmückte Pflanzen zeigen schon im Eingangsbereich: Hier leben Menschen mit **Liebe zum Detail**. Für die Idee einen Liguster-Hochstamm mit Chrysanthemen in verschiedenen Farben und Strukturpflanzen unterpflanzen. Lampionfrüchte und Zieräpfelchen an bunten Bändern in die Krone hängen.

→ Für die **Treppendekoration** große Schalen entweder mono mit Besenheide oder bunt mit Silberrandchrysantheme, Fetthenne und Dahlie bepflanzen. Kürbisse sorgen zusätzlich für herbstliches Flair.

← Sympathisches **Türsteher-Trio**: Hinten wacht das Lampionputzergras, vorne warten unter anderem Fetthenne, verschiedene Heidearten, Thymian, Felberich, Segge und Torfmyrte auf Besuch.

Gewusst:

✻ Ein blumig geschmückter Eingang wirkt offen und kommunikativ. Da bekommt jeder Besucher sofort gute Laune und die Atmosphäre ist vom ersten Augenblick an aufgelockert.

✻ Der Eingang ist gleichzeitig immer auch der Ausgang. Vor eine mit Blumen geschmückte Tür tritt man gerne – auch wenn einen draußen mal wieder Schmuddelwetter erwartet.

✻ Mit der Eingangsgestaltung zeigt sich schon vor der Tür der Wohn- und Lebensstil der Hausbewohner. Ist der Eingang kunterbunt gestaltet, wohnt dort bestimmt eine fröhliche Familie. Streng geometrische Bepflanzungen lassen eine geradlinige, designorientierte Einrichtung vermuten.

Willkommen im Landhaus

Ländlich und doch alles andere als rustikal - das ist Landhaus-Chic. Wie der aktuelle Stil auch bei Ihnen Einzug hält, zeigen die folgenden Ideen.

← **Viele kleine Gefäße** wirken üppiger als ein großes. Bei der Zusammenstellung nicht zu viele unterschiedliche Kübel und Schalen kombinieren, sonst wird die Dekoration zu unruhig.

↑ Ein besonders **edler Look** entsteht, wenn nur eine Pflanzenart in verschiedenen Sorten eingesetzt wird. Heide in unterschiedlichen Farben bietet dabei vielfältige Gestaltungsmöglichkeiten. Kleine Tischchen oder Servierwagen, auf denen die Pflanzen arrangiert sind, bei nächtlichem Frost an eine geschützte Stelle ziehen – so halten die Pflanzen länger.

↑ Besonders haltbar ist die **Knospenblüher-Heide**. Sie ist sehr widerstandsfähig, so dass sie sogar nach leichten Frösten noch eine gute Figur macht. Sehr attraktiv sind ihre farbigen Kelchblätter.

→ Eine Reihe von länglichen Kübeln trennt den Garten von der Terrasse und schafft somit ein **Ambiente**, in dem sich die letzten Sonnenstunden doppelt genießen lassen.

→ **Körbe**, in die Pflanzen mit Topf einfach eingestellt werden, erfordern besondere Aufmerksamkeit: Der eingestellte, unschöne Kulturtopf sollte immer verborgen werden. Daher den Raum zwischen Korb und Topf am besten mit Moos auffüllen.

← Ein **belebender Kontrast** entsteht, wenn helles Stroh in violett blühende Besenheide eingearbeitet wird. Nicht zu viel verwenden – sonst verschwindet die Pflanze unter dem Trockenmaterial.

Style:

Lust auf Landhaus? Das sind die Elemente, die den Stil ausmachen:

✻ **Shabby Chic:** Hochwertige Gefäße in klassischen Formen, mit Patina und Gebrauchsspuren. Helle Farben betonen die Eleganz.

✻ **Understatement:** Pflanzen in zurückhaltenden Farben wählen und Gefäße möglichst mono bepflanzen.

✻ **Stillleben-Optik:** Früchte und Laub können als natürliche Ergänzung dienen und betonen den Aspekt des Landlebens.

✻ **Accessoires:** Ein Satinband am Korbhenkel oder ein Kränzchen am Topf dürfen sein. Oft sind die Gefäße schon mit Arabesken und Ornamenten verziert. Das reicht, um guten Geschmack zu zeigen.

Ab in den Korb!

Körbe sind für herbstliche Bepflanzungen eine tolle Alternative zu Keramikgefäßen. Sie sorgen optisch für Abwechslung bei der Outdoorgestaltung und überzeugen noch dazu durch ihr geringes Gewicht für einen leichteren Transport.

← Die Zeiten, in denen ein Korb immer rund war, sind vorbei. Moderne Formen, wie **Würfel oder Kränze**, setzen neue Trends. Hier bieten sie Heide und Erika reichlich Platz.

→ Herbstliche **Klassiker**. Die Mischung aus Chrysantheme, Spindelstrauch, Purpurglöckchen, Skimmie und Strauchveronika zeigt die ganze Üppigkeit der dritten Jahreszeit.

← Ein liebevolles Detail für den **Treppenaufgang** entsteht, wenn kleine Korbtaschen, bepflanzt mit winterharter Wolfsmilch, Erika und Purpurglöckchen, an das Geländer gehängt werden.

Gewusst:

Jeder Korb ist ein Einzelstück, denn bis heute werden Körbe lediglich aus Naturmaterial ohne Einsatz von Maschinen hergestellt. Als Flechtmaterial eignen sich alle haltbaren und biegbaren Materialien wie Peddigrohr, Rattan, Binse, Seegras oder Weide. Eckige Körbe werden übrigens über einem hölzernen Gestell „in Form" geflochten.

Grüne Raumteiler

Raumteiler sorgen für Gemütlichkeit und lassen Zimmer heimeliger wirken. Dies gilt auch auf Terrasse und Balkon, Ihrem saisonal gestaltetem Outdoorzimmer.

← Mit dem Ende der Sommersaison wandern Liegestühle und Gästesessel oft schon in den Keller. Damit die Terrasse trotzdem gemütlich bleibt, schaffen **hohe Gefäße** und Bepflanzungen mit kübeltauglichen Gehölzen einen kleinen Rückzugsraum.

→ Da die hohen Gefäße die Optik der **Sitzecke** wesentlich beeinflussen unbedingt darauf achten, dass das Material und der Stil der Bepflanzung, zum Beispiel mit Alpenveilchen und Muehlenbeckie, gut zu den Möbeln passt.

← Ein richtiger Raumteiler sollte **mannshoch** sein. Spannend wirkt die Kombination aus Fächerahorn mit verschiedenen herbstlichen Stauden in einem geweißten Holzkübel.

Tipp:

Raumteilung leicht gemacht – mit diesen Pflanzen klappt's garantiert:

* **Efeu:** **als Spalier ein guter Sicht- und Windschutz**
* **Liguster:** **schnittverträgliche Hecke, außerordentlich anspruchslos**
* **Bambus:** **besonders schnell wachsender Sichtschutz, kann große Höhen erreichen**
* **Gold-Ilex:** **immergrün, sehr anspruchslos, einige Sorten mit attraktiven roten Beeren, allerdings stachelig**

Der Sonne entgegen

Gegen die Herbst-Tristesse ist ein Kraut gewachsen: die leuchtende Farbkraft der Pflanzenwelt. Gekonnt in Szene gesetzt, erhellt sie auch dunkle Tage.

← Ein **Stündchen draußen** ist einem auch im Herbst ab und an vergönnt. Gut, wenn das Ambiente dann das Verweilen versüßt. Chrysanthemen, Feuerdorn und Stiefmütterchen bringen munteres Gelb-Orange auf den Balkon. Gut als besonderer Hingucker: Silberrandchrysantheme im linken Gefäß.

↑ Ein **außergewöhnliches Gefäß**, das keine ausgefallene Bepflanzung mehr benötigt. Die Form des Terrakottatopfes ist extravagant genug und zieht alle Blicke auf sich. Goldgelbe Chrysanthemen sind die strahlende Füllung.

1 Silberrandchrysantheme (Ajania pacificia) 2 Chrysantheme (Chrysanthemum x grandiflorum) 3 Feuerdorn (Pyracantha coccinea)

↑ Der große Topf dient **den ganzen Herbst lang** als Bleibe für Besenheide, Hornveilchen und Zierquitte. Der kleine beherbergt Chrysantheme, Mühlenbeckie und Besenheide.

→ Imposantes Trio. Die beiden kleineren Körbe halten sich mit ihrer Monobepflanzung aus Chrysanthemen und Besenheide gegenüber dem großen Korb dezent im **Hintergrund**. Ungewöhnlich, aber schön: die Frucht tragende Rosenpflanze im mittleren Gefäß.

→ **Frech** spitzen die Stiefmütterchen an der Heidepflanze vorbei. Weitere Pflanzen in dieser Kombination: Lampenputzergras, Segge und Chinaschilf.

← Die lasierten Korbgefäße trotzen so manchem Wetter. Der bunten Mischung im größten Gefäß tut die direkte **Nachbarschaft** zu ruhigen Bepflanzungen wie dem Efeu und dem Korb mit Stiefmütterchen gut.

4 Chrysantheme (Chrysanthemum x grandiflorum) 5 Zierquitte (Chaenomeles japonica) 6 Stiefmütterchen (Viola x wittrockiana)

Silberglanz

Tauchen Sie den herbstlichen Balkon mal in eine ganz andere Farbe. Weiß und Silber wirken elegant, kühl und gleichzeitig hochwertig.

← Weiße Erika und eine Purpurglöckchen-Sorte mit **Frost-Optik**, zum Beispiel ('Blueberry Muffin'), Besenheide, Silberblatt und die Stacheldrahtpflanze schaffen den silbrigen Rahmen dieser Terrassen-Situation. Gräser bilden eine gute Ergänzung.

↑ Flache Gefäße erhalten durch überproportionierte Accessoires wie diese **Metallfähnchen** an hohen Stäben große Fernwirkung. Wählen Sie ein Material, das Wind und Wetter zumindest eine Saison lang trotzt. Sonst wirkt der Schmuck schnell unansehnlich.

Silberglanz

↑ Überzeugend und gekonnt wirkt die Terrassengestaltung, wenn die **Farbe des Mobiliars** in der Dekoration wiederholt wird. Hier glänzt die Tischplatte mit der Topfummantelung aus Silberdraht um die Wette.

→ Schnell gepflanzt ist das Topf-Trio. Schwingel, Erika und Curry-kraut in **Zinkgefäße** stellen. Kleine Accessoires wie Muscheln, Silberblattlaub oder ein Kränzchen dazu. Fertig.

→ Zwergkoniferen können bei richtiger Pflege **mehrere Jahre im Kübel** bleiben. Auf ausreichende Düngung achten und bei jeder Neupflanzung so viel Substrat wie möglich austauschen!

← Ein **ungleiches Paar**, das über die Farbe zusammenfindet. Der vordere Topf ist mono mit Stacheldrahtpflanze, der hintere gemischt mit Chrysantheme, Salbei, Besenheide und Strauchveronika bepflanzt.

1 

2 

3 

1 Silberblatt (Senecio cineraria)
2 Besenheide (Calluna vulgaris)
3 Stacheldrahtpflanze (Leucophyta brownii)

Aus dem Bauerngarten

Wie ein Spaziergang durch Großmutters Bauerngarten wirkt dieser rustikale Mix. Worauf es beim Mischen ankommt, erfahren Sie hier.

← Ein bisschen wild und **scheinbar ungeordnet** – das macht den Reiz dieser Bepflanzung aus. Im Bauerngarten immer mit dabei: fröhliche Blütengesichter, krautige Strukturpflanzen und Gräser.

↑ Blüten in warmen Farben leuchten prächtig zwischen Gräsern und Strukturpflanzen. **Ländliche Herbstfreude** im Korb!

← Das Weidenkörbchen ist eine **blühende Welt** für sich. Zwischen gefallenem Laub und Kastanien setzt es einen leuchtenden Akzent.

Pflanzen:

Mit diesen Pflanzen setzen Sie die Bauerngarten-Optik perfekt um:

- **Kleinblumige Chrysantheme (Chrysanthemum x grandiflorum)**
- **Pfennigkraut (Lysimachia nummularia)**
- **Rebhuhnbeere (Gaultheria procumbens)**
- **Silberrandchrysantheme (Ajania pacifica)**
- **Lampenputzergras (Pennisetum alopecuroides)**
- **Kalmus (Acorus gramineus)**

Gut in Form

Mit ihren klar umrissenen Konturen beruhigen Formpflanzen jeden Bereich. Einen Hauch von Eleganz zaubern Buchs, Efeu oder Liguster als Kugel oder Pyramide auf Ihren Balkon. Schauen Sie selbst, wie einfach es geht!

← Die **Pyramidenform** entsteht in beiden Gefäßen durch ein Gerüst. Während sich hinten Efeu an den Stäben nach oben rankt, besteht das Arrangement im Vordergrund komplett aus trockenen Waldreben-Zweigen.

→ Die **Kugelform** aus Waldreben-Zweigen findet in der kugelig wachsenden Gartenchrysantheme ihre Entsprechung. Wichtiges Detail: Der Kranz um die Chrysantheme schafft eine zusätzliche Verbindung zur Trockenkugel im vorderen Gefäß.

← Dass **rund und eckig** zusammen passen, zeigt sich, wenn Kugelbuchs und Gartenchrysantheme im quaderförmigen Gefäß Platz finden. Ein Gerüst aus Waldrebenzweigen ergänzt die Chrysantheme zur Kugel.

Gewusst:

Wie Pflanzen ihre Form bekommen.

*** Stäben und Binden: Rankpflanzen wie Efeu oder Waldrebe werden an Gerüsten hochgezogen und mit Bast fixiert. Mit der Zeit verschwindet der Unterbau unter einer dicken Laubschicht.**

*** Formschnitt: Holzige Pflanzen wie Buchsbaum oder Wacholder werden mit der Schere in Form gebracht. Bis ein Buchs eine bestimmte Form erreicht hat, dauert es mehrere Jahre.**

*** Größere grüne Skulpturen bestehen meist aus schneller wachsendem Liguster, nicht aus Buchsbaum. Die jungen Triebe werden regelmäßig in eine entsprechend vorgeformte Drahtmatte eingeflochten.**

Mix it!

Erst die Mischung macht aus einfachen Herbststauden aufregende Kübelbepflanzungen. Mit dem „Herbstzauber™"-Programm, einer speziellen Zusammenstellung von Blattschmuck- und Blütenpflanzen, gelingt dies kinderleicht.

← Diese Kombinationen überraschen mit einigen **Neuheiten** wie der Braunelle 'Rosenkugel' und dem alpenländischen Oktoberli (Sedum sieboldii 'Medio Variegata'). So entsteht ein farblich gefälliger Übergang zu Herbstastern, dem Purpurglöckchen und dem dreifarbigen Salbei.

↑ Eine gekonnte Pflanzenkombination, bei der die Wirkung von den **Blattschmuckpflanzen** ausgeht. Besonders auffällig ist hier der Günsel (Ajuga reptans 'Burgundy Glow'), der erst durch niedrige Temperaturen die rosa Färbung seiner jungen Blätter erhält.

1 Salbei (Salvia officinalis 'Tricolor') 2 Currykraut (Helichrysum thianschanicum 'Weißes Wunder') 3 Purpurglöckchen (Heuchera Cultivar 'Frosted Chocolate')

↑ Dass der Herbst **mehr zu bieten** hat als Erika und Chrysanthemen, zeigen diese Gefäße, in dem die Klassiker mit Enzian, Wolfsmilch, Purpurglöckchen und Alpenveilchen zusammenkommen.

→ So fällt der **Abschied vom Sommer** gar nicht schwer: Lampenputzergras, Fetthenne, Günsel, Salbei, Purpurglöckchen, und Wolfsmilch in Kombination.

↑ Ein regelrechtes **Farbfeuerwerk** scheint in diesem schlichten Keramiktopf zu explodieren! Fetthenne, Purpurglöckchen, Segge, Günsel, Pfennigkraut und Wolfsmilch leuchten bunt durcheinander in den schönsten Herbstfarben.

4 Purpurglöckchen (Heuchera Cultivar 'Amber Waves') 5 Lampenputzergras (Pennisetum alopecuroides 'Hameln') 6 Günsel (Ajuga reptans 'Elmblut™')

Auftritt in elegantem Weiß

Für Liebhaber von Ton-in-Ton-Harmonien hat auch der Herbst Einiges zu bieten. Immer mit dabei ist das weiße Alpenveilchen, das durch die gelungene Kombination mit anderen Pflanzen in Weiß-Grau-Tönen sehr modern wirkt.

← **Monobepflanzung** schlicht, mit Alpenveilchen wirkt ruhig und elegant. Ein Kranz aus Trockenmaterialien am oberen Topfrand und die Spindel aus Silberdraht schaffen einen Hauch Romantik.

↑ Am besten passen Silberblatt und Besenheide zum Alpenveilchen. Damit das **grau-weiße Erscheinungsbild** nicht zerstört wird, kann man sichtbares Substrat mit Flechte abdecken, die auch den beigelegten Schmuckkranz ziert.

Auftritt in elegantem Weiß

↑ So **romantisch** kann der Herbst sein: Weiß blühende Alpenveilchen, Efeu, Schneeheide, Segge und Stacheldrahtpflanze sind in einer edlen Amphore kombiniert.

→ Streichen Sie doch mal darüber: Die Kombination von Silberblatt und Alpenveilchen ist ein **sinnliches Erlebnis**, stehen doch die glatten und harten Blätter des Alpenveilchens im Kontrast zum weichen Laub des Silberblatts. Weitere Begleiter: strubbelige Besenheide und weiches Currykraut.

↑Treppen und Aufgänge wirken besonders schön, wenn sie mit mehreren Kübeln dekoriert werden. Am besten unterschiedlich hohe Gefäße mit verschiedenen Bepflanzungen, mal mono, mal gemischt, verwenden. Das wirkt lebendiger.

Gewusst:

So haben Sie lange Freude an Ihren Alpenveilchen:

✻ Alpenveilchen (Cyclamen persicum) lieben zwar niedrige Temperaturen, sind aber nur bedingt frostfest. Bei Nachtfrost die Kübel an einen geschützten Ort räumen oder abdecken.

✻ Frosthart, und damit zum Beispiel auch für den Steingarten geeignet, ist Cyclamen hederifolium. Vorsicht: kalkempfindlich!

✻ Als Knollenpflanze sind Alpenveilchen empfindlich gegenüber Staunässe. Deshalb vorsichtig gießen und überschüssiges Wasser abschütten.

Gut gewürfelt

Geometrische Formen bringen Ruhe in die Terrassengestaltung und wirken gleichzeitig sehr modern. In Gestalt von würfelförmigen Gefäßen ziehen sie jetzt auf Balkon und Terrasse ein und bieten eine Fülle von Gestaltungsmöglichkeiten.

← Die strenge Würfelform wird durch **dynamische Zweige** des Zwergmispel-Hochstamms gemildert. Stiefmütterchen und Chrysanthemen bilden die farbenfrohe Unterpflanzung.

→ Würfel-Spaß kommt auf, wenn Hornveilchen in ein geflochtenes Gefäß aus **Naturmaterial** gepflanzt werden. Gut geeignet als Tischdeko für ein Herbstfest!

Tipp:

Feiern Sie doch mal ein Herbstfest im Würfellook. Der Fantasie sind bei der Umsetzung keine Grenzen gesetzt. Besonders schön und einfach zu gestalten sind mehr oder weniger florale Deko-Elemente aus farbigen Steckschaum-Würfeln. Diese werden entweder mit einem Teelicht versehen oder mit Blättern besteckt. Als Untersetzer dienen quadratische Glasteller, die mit Granulat oder anderem Streugut bestreut werden.

← Der eckige Tontopf passt farblich hervorragend zur Chamaeleonpflanze. Ihr krautiger Wuchs und das außergewöhnliche **Farbspiel** wirken optisch belebend.

Das Füllhorn des Herbstes

Auf Augenhöhe oder gar höher entfalten bunt bepflanzte Hanging Baskets ihre ganze Pracht. Sie werden da zum besonderen Blickfang, wo für Töpfe kein Platz ist.

← **Rote Versuchung.** Wirkt wunderbar im Abendlicht. Deshalb für Westlagen am besten geeignet. Die roten Blüten der Chrysanthemen lodern wie Flammen vor dem Grün der Blattschmuckpflanzen.

→ **Violetter Traum**. Für alle, die gerne Neues entdecken. Die ungewöhnliche Kombination von dunkelviolettem und hellgrünem Laub macht die Bepflanzung spannend.

← **Gelbe Sonnenstrahlen**. Gelbe Chrysanthemen setzen leuchtende Akzente vor dunklen Blattschmuckpflanzen und machen schon am Morgen gute Laune. Unbedingt im Osten aufhängen!

Pflanzen:

✻ **Rote Versuchung:** Chrysantheme (Chrysanthemum x grandiflorum), Wolfsmilch (Euphorbia Cultivar), Pfennigkraut (Lysimachia nummularia), Segge (Carex hachijoensis), Efeu (Hedera helix), Salbei (Salvia officinalis), Silberrandchrysantheme (Ajania pacifica)

✻ **Violetter Traum:** Fetthenne (Sedum telephium, Sedum sieboldii), Purpurglöckchen (Heuchera purpurea), Pfennigkraut (Lysimachia nummularia), Enzian (Gentiana Cultivar)

✻ **Gelbe Sonnenstrahlen:** Chrysantheme (Chrysanthemum x grandiflorum), Silberrandchrysantheme (Ajania pacifica), Günsel (Ajuga reptans), Wolfsmilch (Euphorbia Cultivar), Mühlenbeckie (Muehlenbeckia axillaris), Scheinerdbeere (Duchesnea indica)

Blühende Fantasien

Die Zeiten, in denen Kästen nur am Balkongeländer zu finden waren, sind längst vorbei. Heute schmücken sie auch Fensterbretter und Gartenmauern.

← Ein **rustikaler Holzkasten** ist mit einer üppigen Mischung aus Besenheide, Chrysanthemen, Zierkohl und Ehrenpreis bepflanzt. Tipp: Immer die Blickrichtung beim Pflanzen im Auge behalten. Die höchsten Pflanzen kommen nach hinten.

↑ Die violette Kastenbepflanzung mit Besenheide, Alpenveilchen, Chrysanthemen und Zierkohl ist im **Landhausstil** gestaltet. Dazu passt die hellgrüne Tönung des Kastens. Ein Untersetzer schützt das Mauerwerk vor stauender Nässe.

← Der Kasten aus **Steingut** wird zum Blickfang auf der Fensterbank: eine kompakte, niedrige Bepflanzung aus Pfennigskraut, Salbei und Chrysanthemen in herbstlichen Grün- und Gelbtönen mit einem Schuss Rot.

Tipp:

* **Gewächse mit gleichen Ansprüchen zusammenpflanzen. Schattenpflanzen vertragen keine Sonne, Sumpfpflanzen brauchen mehr Wasser als Sukkulenten.**

* **In einen Meter Blumenkasten passen etwa zehn Pflanzen, sofern doppelreihig gepflanzt werden kann.**

* **Als Substrat ist das Beste gerade gut genug. Da die Pflanzen längere Zeit in der Blumenerde leben und sich entwickeln sollen, muss sie schön locker, saugfähig und luftig sein.**

* **Beim Kastenkauf auf Abzugslöcher achten, damit keine Staunässe entstehen kann. Beim Bepflanzen die Löcher mit Tonscherben abdecken.**

Träume in Pastell

Romantische Herbstarrangements in zarten Farben entführen den Betrachter in eine zauberhafte Welt, in der Träumen erlaubt ist.

← Welch eine **charmante Zusammenstellung**: Lieblich und verspielt umrahmen dreifarbiger Salbei, Mühlenbeckie, Silberblatt und Besenheide die duftigen rosaroten Blüten des Alpenveilchens in einem Topf in elegantem Grau.

↑ Aufrecht wachsende Pflanzen wie Chrysanthemen ergießen sich füllig **über den Topf**, wenn sie schräg an den Rand des Gefäßes gepflanzt werden. Hier zusammen mit Günsel, Stacheldrahtpflanze, Alpenveilchen und Irischer Glanzheide.

Träume in Pastell

↑ Die **Vielfalt** der Blütenfarben und -formen bei Alpenveilchen ist nahezu unerschöpflich. Pflanzen mit besonders auffälligen Blüten, wie diese weiße mit rotem Grund, können gut als Blickfang auch ohne Begleitung in einem Gefäß stehen.

→ Ein außergewöhnliches **Zusammenspiel** von Gemischt- und Mono-Bepflanzung: Irische Glanzheide und Stacheldrahtpflanze als Solisten. Alles im Ensemble mit Chrysantheme, Segge, Fetthenne, Salbei sowie Silberrandchrysantheme in einem separaten Gefäß.

↑ **Verträumtes Duo**. Der pudrige Rosaton der Besenheide im hinteren Gefäß wird durch einen weiteren Kübel mit Blattpflanzen wie Salbei, Silberblatt, Mühlenbeckie und violetter Chrysantheme ergänzt.

Style:

Pflanzen für traumhafte Arrangements:

* **Blühpflanzen in zartem Rosa wie Besenheide (Calluna vulgaris), Alpenveilchen (Cyclamen persicum) und Fetthenne (Sedum sieboldii)**

* **Blattpflanzen mit panaschiertem Laub wie buntblättriger Salbei (Salvia officinalis), Efeu (Hedera helix) und Segge (Carex hachijoensis)**

* **Strukturpflanzen mit bizarrem Aussehen wie Stacheldrahtpflanze (Leucophyta brownii), Mühlenbeckie (Muehlenbeckia axillaris), Currykraut (Helichrysum thianschanicum)**

Winter

Grüne Hoffnungsträger

Wenn es so richtig kalt wird, schlägt auf Balkon und Terrasse die große Stunde der immergrünen Pflanzen. Werden sie entsprechend winterlich eingepackt, kann ihnen selbst starker Frost und dickstes Schneegestöber nichts anhaben.

← **Helle Laubpflanzen** sind im Winter zwar selten, eignen sich aber besonders für die Terrassengestaltung in dieser Zeit, weil sie einfach freundlicher wirken als dunkellaubige Gehölze. Hier ist Kalmus in große, dick mit Heu umwickelte Töpfe gesetzt und mit Band und Bastkränzchen verziert worden.

↑ **Nicht etwa die Kälte** ist es, die den meisten winterharten Pflanzen wie zum Beispiel Ilex zu schaffen macht. Vielmehr ist es die Trockenheit, die auftritt, wenn die Blätter bei Sonneneinstrahlung beginnen, Wasser zu verdunsten, der Wurzelballen aber gefroren ist, und kein Wasser aufnehmen kann. Bei sonniger Wetterlage also entweder den Kübel in den Schatten stellen oder mit einer Isolierung, zum Beispiel aus Luftpolsterfolie, umwickeln.

1 Rebhuhnbeere (Gaultheria procumbens) 2 Ilex (Ilex aquifolium) 3 Muschelzypresse (Chamaecyparis obtusa 'Nana gracilis')

Grüne Hoffnungsträger

↑ Eine abwechslungsreiche Reihung entsteht, wenn die Töpfe der einzelnen Pflanzen mit unterschiedlichen Materialien **ummantelt** werden. Jute, Heu, Moos und Stroh sind für draußen geeignet, einfach zu verarbeiten und noch dazu preiswert.

→ Mehr als nur eine Randerscheinung ist der Kasten an der Terrassenkante. Die farblich **kontrastreiche Bepflanzung** besteht aus Purpurglöckchen, Muschelzypresse, Rebhuhnbeere, Stacheldrahtpflanze, Efeu und Skimmie.

↑ Das letzte Nachmittagslicht lässt sich vor dem Kamin besonders gut genießen. Den **Blick nach draußen** verschönern unter anderem Ilex, Torfmyrte, Strauchveronika und Skimmie. Die zierenden Hartriegel-Zweige eignen sich übrigens auch gut zum Anknoten von Meisenknödeln oder Accessoires.

4 Zwergkiefer (Pinus mugo) 5 Eibe (Taxus baccata) 6 Wacholder (Juniperus communis)

Adventsdeko für Eilige

Darf es bei Ihnen auch draußen adventlich und weihnachtlich werden? Dann sind die folgenden Ideen bestimmt genau das Richtige für Sie: Schnell gemacht, unkompliziert und fröhlich. Da können Nikolaus und Weihnachtsmann endlich kommen!

← So kommt der Buchskegel groß raus: in einen **Zinkeimer** gestellt und mit einem Kranz aus Zapfen geschmückt. Bänder, Früchte aus Kunststoff und robuste Holz- und Stoff-accessoires sorgen für festliche Stimmung. Das Bäumchen möglichst geschützt aufstellen.

→ Den **Henkelkorb** mit einer Buchsbaumpflanze findet der Nikolaus so einladend, dass er sich als Blechfigur einfach darin niederlässt. Die hinzu gelegten Äpfel werden zur besonderen Zier, wenn sie wie kleine Päckchen mit Bindfaden verschnürt werden.

← Einzelne Buchszweige ersetzen hier den Baum. Die Triebe sind im Bund beim Gärtner erhältlich und werden einfach in einen **Flechtkorb** mit Erde oder Steckmasse gesteckt. Äpfelchen und Nikolaus dazu – fertig ist die Adventsdeko für besonders Eilige.

Tipp:

Als Dekoration lassen sich winterliche Früchte gut verarbeiten, wenn man die wichtigste Grundregel beachtet:

Äpfel und anderes weiches Obst nie auf Metall spießen, da es durch die Oxidation zu schnell verderben würde. Stattdessen Holzspieße verwenden oder auf künstliche Früchte zurückgreifen. Die Verwendung von künstlichen Früchten empfiehlt sich noch aus einem weiteren Grund: Es besteht keine Gefahr, dass die Dekoration als leckere Zwischenmahlzeit von hungrigen Tieren vernascht wird.

Schmucke Bäume

Ob im Topf oder im Beet, Buchsbäume sind für Garten, Balkon und Terrasse eine wahre Zier. Und das nicht nur im Sommer. Legen Sie Ihrem kleinen immergrünen Bäumchen doch einfach mal Schmuck an – und schon wird es auch im Winter alle Blicke auf sich ziehen.

← Sind die Bäumchen erst in Form geschnitten, heißt es nur noch schnell ein **winterliches Gewand** anlegen. Kokosfaser bildet die ungewöhnliche Topfummantelung, die mit Nieten und Ösen befestigt wird.

→ Fröhlich und unbeschwert tänzeln Herz, Stern und Bäumchen aus Filz um die Buchsbaumkugel. Sie sind an einem **Drahtring** befestigt, der mit Tillandsie umwickelt wurde.

← Die Buchskugel im Blechtopf wünscht symbolisch fröhliche Weihnachten. Die **Filzornamente** sind gleichmäßig auf der grünen Rundung verteilt und mit Holzspießen in der Buchsbaumkugel befestigt.

Gewusst:

Der Buchsbaum wird vor allem wegen seiner großen Anpassungsfähigkeit und seiner guten Schnittverträglichkeit als Garten- und Topfpflanze geliebt. Erhältlich ist er in zahlreichen Sorten:

* **Buxus sempervirens 'Suffruticosa': Zwergwüchsige Sorte mit kleinen, hellgrünen Blättern, auch als Einfassungsbuchs bekannt.**

* **Buxus sempervirens 'Rotundifolia': Als Wind- und Sichtschutz für hohe Hecken geeignet. Besitzt rundliche Blätter.**

* **Buxus sempervirens 'Marginata': Sorte mit gelbgrün gefärbten Blättern. Wächst aufrecht und schnell. Besonders dekorativ vor dunklem Hintergrund.**

Elchtest

Nicht nur im hohen Norden treffen sich allerlei Geweihträger, um das Jul-Fest zu feiern. Auch auf den Balkonen, Terrassen und vor Hauseingängen in unseren Breiten werden immer häufiger Elch und Co. gesichtet.

← Eine ausrangierte Holzkiste wird für die kleine **Elchherde** zur neuen Winterheimat. Gefüllt ist sie mit Moos, Efeu, Zapfen, Flechten und etwas Buchsbaum. Am besten im Eingangsbereich platzieren und damit die Gäste herzlich willkommen heißen!

→ Aus roh bearbeiteten Latten und Ästen entsteht ein individueller **Blumenkasten in Elchform**. Der Rücken der Tiere ist mit Rebhuhnbeere bepflanzt. Stellen Sie doch die außergewöhnlichen Gefäße gleich zu zweit auf.

← Gar nicht so leicht, sich mit diesem Geweih richtig zu verstecken! Aber so sieht es sowieso viel schöner aus. Für den **Elch im Versteck** einfach ein Koniferenbäumchen in ein rotes Gefäß stellen und ein Filzgeweih hineinstecken. Mit Zapfen den Topfrand abdecken.

Tipp:

Elche wohin man blickt. Die Geweihträger erfreuen sich besonders zur Weihnachtszeit großer Beliebtheit. In Form von Filzanhängern verbreiten sie nordisches Flair an Zweigen, Geschenken oder am Tannenbaum. Dank des robusten Materials eignen sie sich aber auch gut als Outdoorschmuck, der den ein oder anderen Regen- und Schneeschauer schon mal verträgt.

Sternenzauber

Winterliches Handschuhwetter hat durchaus seinen Reiz – vor allem mit der richtigen Ausrüstung. Für die Balkon- und Terrassengestaltung gilt: Pflanzen und Gefäße müssen genauso winterfest sein wie die dekorativen Accessoires.

← Der große **Schneefall** lässt noch auf sich warten? Vielleicht erfreuen die winterlich mit Schneewatte eingepackten Stacheldrahtpflanzen Frau Holle so sehr, dass sie endlich richtigen Schnee vom Himmel rieseln lässt! Für strahlenden Glanz auf der Terrasse sorgen Accessoires in Sternform.

↑ Eine elegante Figur machen diese beiden Wacholderpflanzen zum Beispiel auf der Fensterbank. Lindgrüne **Bänder und Dekokristalle** schaffen einen reizvollen Kontrast zum satten Grün der Pflanzen. Dazu passen wetterfeste Gefäße in Antikoptik.

↑ Eine zwergwüchsige Wacholder-Sorte mit kompakt-kugeligen Wuchs, ist Juniperus squamata 'Blue Star'. Als festlicher Schmuck zieren lange Bänder und ein **Kranz aus Flechte** mit dekorativer Drahtspindel.

→ Die Kübelkiefer als attraktiver Hochstamm schmückt sich mit einem **Drahtkranz**, an den bunte Bänder geknüpft sind.

→ **Eisgrau** wie der Winter bilden Silberblatt, Spindelstrauch, Stacheldrahtpflanze und Christrose die Füllung für eine stabile Betonschale. An Draht befestigte Sterne aus Moosgummi bringen Farbe ins Spiel. Besonders reizvoll wird die Kombination, wenn Väterchen Frost in der Nacht Raureif darüber wachsen lässt.

← Damit die kleinen Silbereichen **keine kalten Füße** bekommen, sind die Kulturtöpfe warm mit weichem Fleece-Stoff eingepackt. Mit eingesteckten Stäben und daran befestigten Moosgummi-Sternen wachsen die Pflänzchen quasi über sich hinaus.

Tipp:

Im Winter verschönern weihnachtliche Accessoires, wie zum Beispiel Sterne, die Pflanzen auf Balkon und Terrasse. Damit diese Dekoration die ganze Saison attraktiv bleibt, hier einige Tipps:

Das Material, aus dem die Sterne gemacht sind, muss auf jeden Fall wetterfest und frostbeständig sein. Für eine edle Variante eignet sich zum Beispiel ausgestanztes Aluminium. Für die hier gezeigte Ausführung wurde Moosgummi verwendet. Sturmfest verankert werden die Sterne mit Spanndraht, dessen Ende schneckenförmig verschlossen und in den Pflanzen eingeklemmt wird oder mit Schmuckdraht und Gimpe, die fest um einen Stab gewickelt werden.

Blühende Winterschönheit

Die Christrose gehört zu den wenigen Pflanzen, die Eis und Kälte trotzen und im Winter blühen. Eigentlich als Beetpflanze bekannt, macht sie auch im Topf eine gute Figur und zeigt sich in jeder Hinsicht vielseitig.

← Besonders natürlich wirkt die Christrose, wenn sie in einen Topf gepflanzt wird, der mit getrockneten Zweigen **ummantelt** ist. Frisches Moos deckt die Erde dekorativ ab und schützt zusätzlich vor Frost. Zartes, weißes Band setzt helle Akzente.

→ Mit Christrose, trockenem Gras und handwerklich anmutender **Keramik** entsteht ein Pflanztopf in winterlich-vegetativer Optik. Zum Gießen werden Blätter und Gras am Rand etwas angehoben und die Pflanze vorsichtig gewässert. Stauende Nässe ist auf jeden Fall zu vermeiden.

← Als üppige Füllung in einer klassischen **Amphore** ist die Christrose vor allem für geschützte Standorte geeignet. Für einen sicheren Stand am besten Sand oder Kies unten in das Gefäß schütten und die Christrose im Kulturtopf darauf setzen.

Gewusst:

Mehr als 15 Arten Helleborus, wie die Christrose botanisch genannt wird, sind bei uns bekannt. Dabei variiert die Blütezeit der einzelnen Arten von Oktober bis April. Nach einem hellen Standort im Winter sollten sie im lichten Schatten, zum Beispiel unter Laub abwerfenden Gehölzen, übersommert werden. Auch die Wohnung kann für die Christrose zum Winterheim werden – solange die Räume nicht zu warm geheizt sind. Raus ins Freie sollte sie danach jedoch erst wieder gestellt werden, wenn die Frostperiode vorbei ist.

Im Lichterschein

Besonders an den winterlichen Festtagen sorgt Kerzenlicht für weihnachtliche Stimmung. Und wenn schon draußen vor der Tür und auf der Terrasse die Lichter weithin sichtbar leuchten, freut sich jeder auf ein gemütliches Zuhause.

← Mauervorsprünge und Balkonbrüstungen sind ideale Orte für winterliche **Lichterspiele**. Zwischen bepflanzten Töpfen werden Windlichter aus Glas in der Dämmerung zum stimmungsvollen Lichtblick.

↑ Mit Teelichtern wird der Tisch in warmes Licht getaucht. Pflanzen mit silbrigem Laub und das satinierte Glas der **Windlichter** stehen im reizvollen Kontrast dazu und passen zur frostigen Jahreszeit.

← Ein kleines immergrünes Pflanzenensemble aus verschiedenen Koniferen und Silberblatt hat der erste Schnee wie Puderzucker bestäubt. Das Flackern des Kerzenlichts bringt die Szenerie zum **Glitzern** und bietet einen winterlichen Anblick.

Tipp:

Windlichter sind nicht nur im Sommer die Stars auf Balkon und Terrasse. Auch im Winter werden sie zwischen immergrünen und frostbeständigen Pflanzen in Kübeln zu strahlenden Highlights. Stellen Sie kleinere Pflanzgruppen und Lichter immer so auf, dass Sie sie bequem vom warmen Sofa aus betrachten können. Dabei sollten Sie unbedingt darauf achten, dass die Kerzen nicht zu nah an den Pflanzen stehen. Am sichersten sind Teelichter in Glasgefäßen, in denen die Flammen vor Wind geschützt sind und sie nicht so leicht umkippen können. Satiniertes, weißes Glas hat eine ansprechende Frostoptik und passt daher gut in die verschneite Winterlandschaft. Aber auch buntes Glas hat durchaus seinen Reiz und kann besonders leuchtende und auffallende Akzente setzen.

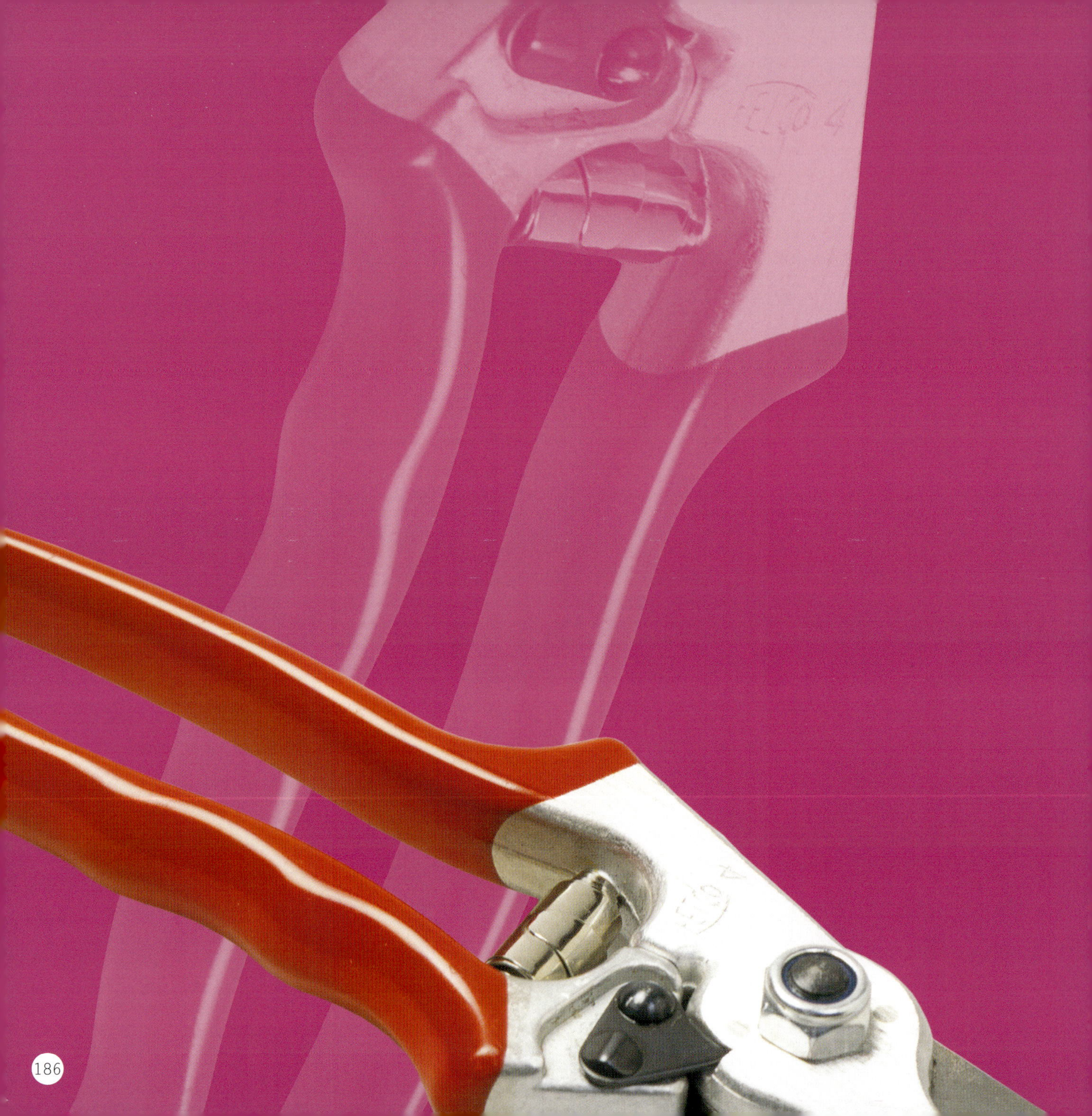

Service

So wird's gemacht

Balkonkästen richtig bepflanzen

1 Zuerst die Abfluss-Löcher im Boden des Balkonkastens mit Tonscherben abdecken. Das schützt die Öffnungen vor Verstopfung, überschüssiges Wasser kann so abfließen, stauende Nässe wird vermieden. Das wirkt sich positiv auf die Wurzelentwicklung und damit auf das Wachstum aus.

2 Zu den Tonscherben eine kleine Drainageschicht aufbringen, in der sich überschüssiges Wasser sammeln kann bevor es abfließt. Styropor oder Blähton eignen sich wegen ihres niedrigen Gewichts dazu am besten. Anschließend den Kasten mit strukturstabiler Blumenerde auffüllen und die Ränder andrücken. Wenn Langzeitdünger beigegeben werden soll, ist jetzt der richtige Zeitpunkt.

3 Die Pflanzen wässern und anschließend einsetzen. Hängende Sorten leicht schräg an den vorderen Rand, stehende Sorten möglichst aufrecht an den hinteren Rand des Kastens pflanzen. Für einen Kasten mit 1 Meter Breite und 15 Zentimeter Tiefe werden 4-5 Pflanzen, bei 20 Zentimeter Tiefe 6-8 Pflanzen benötigt. Die Erde gleichmäßig um die Pflanzen verteilen, leicht andrücken, zum Schluss gründlich gießen.

Körbe richtig bepflanzen

1 Für den dekorierten Holzkorb zuerst stabiles Papier in breite Streifen reißen. Mit Klebeband in den Korb kleben, so dass eine Krempe entsteht. Das Papier sollte dabei nicht bis auf den Korbboden reichen, um den Kontakt mit Wasser zu vermeiden.

2 Nun kommt der wichtigste Arbeitsschritt: Das Gefäß wird mit Folie abgedichtet, denn der Korb würde sich bei permanentem Kontakt mit feuchter Erde und Wasser schnell zersetzen. Im Unterschied zum Umgang mit Kunststoff- und Keramikgefäßen mit Löchern im Boden bedeutet das, dass Wassergaben besonders sorgfältig erfolgen müssen, da überschüssige Feuchtigkeit nicht abfließen kann.

3 Nun den Korb mit Erde füllen und bei Bedarf Langzeitdünger untermischen. Anschließend die Pflanzen, im gezeigten Beispiel Pantoffelblumen in verschiedenen Farben, einsetzen. In einen Korb mit den Maßen 40 x 40 Zentimeter passen insgesamt etwa neun Pflanzen.

Tipp:

Die richtige Wahl bei Kasten und Co.: Das Gefäß stellt den Lebensraum der Blumen für eine ganze Saison dar. Geräumige Kübel oder Kästen sind für die Pflanzenentwicklung förderlich, da sie mehr Erde aufnehmen können. Darin können sich die Wurzeln besser ausbreiten und es steht mehr Raum für die Wasser- und Nährstoffversorgung zur Verfügung, wodurch sich der tägliche Pflegeaufwand reduziert. Außerdem ermöglichen erst tiefere Kästen eine doppelreihige Pflanzung und bieten dadurch mehr Gestaltungsspielraum.

Tipp:

Fast alle gekauften Balkonpflanzen werden im Gewächshaus kultiviert. Sie müssen langsam an höhere Lichteinstrahlung und größere Temperaturschwankungen im Freiland gewöhnt werden. Deshalb an einem milden Tag im Schatten umpflanzen und die erste Zeit am endgültigen Standort schattieren. An heißen Tagen machen vor allem Ampeln und Hanging Baskets schnell schlapp. Gönnen Sie ihnen daher morgens und abends ein ausgiebiges Tauchbad. Die Erde ist komplett mit Wasser gesättigt, wenn keine Blasen mehr aufsteigen.

Hanging Baskets richtig bepflanzen

1 Den unteren Teil des Hanging Baskets mit Plattenmoos auskleiden, das hält die Feuchtigkeit gut. Anschließend Blumenerde einfüllen. Dabei nicht vergessen, Langzeitdünger zuzugeben, denn die üppig bepflanzten Hanging Baskets haben einen hohen Nährstoffbedarf.

2 Die Pflanzen werden nun ausgetopft, der Wurzelballen etwas aufgelockert. Die Triebe durch eine unten geöffnete Tüte ziehen, damit sie unbeschadet durch das Drahtgitter geschoben werden können. An die tiefsten Stellen ausschließlich Hängepflanzen setzen.

3 Sind alle Hängepflanzen an Ort und Stelle, wird der restliche Korb mit Moos ausgekleidet und mit Erde gefüllt. Die Mitte ist der richtige Platz für stehende Arten, am Rand machen sich Halbhänger gut.

Die Favoriten auf Balkon und Terrasse

Frühling

Pflanzenname

Primel (Primula vulgaris)

Ab Anfang Januar, manchmal auch schon früher erhältlich. Blüht bis in den Mai hinein. Fühlt sich an sonnigen bis halbschattigen Standorten am wohlsten. Auf ausreichende Wasserversorgung achten!

Narzisse (Narcissus pseudonarcissus)

Vom späten Winter bis Ostern erhältlich, in der Natur Blüte von Februar bis Mai. Verträgt keine Staunässe, da die Zwiebeln sonst zu faulen beginnen. Deshalb am besten in sandiges Substrat pflanzen. Kann nach der Blüte ausgewildert werden.

Tulpe (Tulipa Cultivar)

In allen Blütenfarben außer Blau von Februar bis April erhältlich. Einige Sorten duften sogar. Zwiebeln können nach der Blüte im Garten ausgepflanzt und verwildert werden. Als Schnittblume den Stiel abschneiden, sobald die Knospe Farbe zeigt.

Vergissmeinnicht (Myosotis sylvatica)

Weiße, hellblaue oder rosa Blüten von Februar bis April. Bei drohenden Nachtfrösten mit Vlies abdecken, damit keine Schäden entstehen. Vergissmeinnicht werden meist zweijährig kultiviert, überstehen im Gartenbeet unter günstigen Bedingungen aber auch einen längeren Zeitraum.

Sommer/ Sonne

Pflanzenname

Geranie (Pelargonium Cultivar)

Der Balkonklassiker schlechthin. Blüht von Mai bis zum ersten Frost. Selbstreinigende Sorten erleichtern die Pflege. Hängegeranien unterscheidet man von stehenden Geranien am Blatt. Das Blatt der Hängegeranien ist glatt und ledrig, das der stehenden Geranien behaart.

Petunie (Petunia Cultivar)

In einer immensen Sortenvielfalt ab April im Handel zu erhalten. Bei Hitze unbedingt ausreichend gießen! Das Ausputzen der verblühten Teile fördert den Blütenreichtum. Regelmäßig auf Blattlausbefall und Weiße Fliege untersuchen. Gelbe Blätter deuten häufig auf Eisenmangel hin.

Husarenknöpfchen (Sanvitalia speciosa)

Unempfindlicher, hängender Dauerblüher, der ab April jede Pflanzung bereichert. Wegen seines mäßigen Wasserbedarfs auch gut für Ampel oder Hanging Baskets geeignet. Verträgt einen Rückschnitt zur Verlängerung der Blütezeit sehr gut.

Eisenkraut (Verbena Cultivar)

Blüht ab Mai in Weiß und in verschiedenen Rottönungen. Neben aufrecht wachsenden Patio-Sorten sind viele hängende Sorten im Handel erhältlich. Verbenen mögen es gerne recht trocken, stauende Nässe vertragen sie überhaupt nicht.

Sommer/ Schatten

Pflanzenname

Männertreu (Lobelia erinus)

Bildet ab April Kissen von weißen, violetten und blauen Blüten. Moderne, stecklingsvermehrte Sorten blühen die ganze Saison prächtig durch. Vorsicht beim Düngen: Männertreu reagiert bei Trockenheit empfindlich auf Salze im Substrat.

Fleißiges Lieschen (Impatiens walleriana)

Ab April in Farbtönungen von Weiß über Rot, Rosa und Violett bis Orange erhältlich. Pflegeleichter Dauerblüher, der seinem Namen wahre Ehre macht. In Kombination mit Fuchsien unwiderstehlich!

Fuchsie (Fuchsia Cultivar)

Ab Mai erscheinen die weißen, rosa oder violetten Blüten. Oft sind Kelch- und Kronblätter der über 1000 bekannten Sorten unterschiedlich gefärbt. An windgeschützten Standorten entwickeln sich die Pflanzen deutlich besser als in Zugluft. Regelmäßig auf Befall mit Weißer Fliege kontrollieren.

Vanilleblume (Heliotropium arborescens)

Die ab Ende Mai erscheinenden violetten Blüten duften angenehm nach Vanille und ziehen Schmetterlinge an. Immer regelmäßig gießen, denn schlapp gewordene Blätter erholen sich nur schwer und haben später braune Flecken. Ausschneiden verblühter Blütenstände fördert die Nachblüte.

Herbst

Pflanzenname

Erika (Erica gracilis)

Bildet ab September Blütenglöckchen in Farben von Weiß bis Pink und übersteht auch erste leichte Nachtfröste schadlos. Sehr anpassungsfähig in Hinblick auf den Standort. Von sonnig bis (halb-) schattig ist alles möglich.

Besenheide (Calluna vulgaris)

Die winterharte Besenheide blüht ab September bis weit in den Winter hinein. So genannte „Knospenblüher" sehen länger frisch aus, weil sich die Blüten nicht öffnen. Es kann keine Bestäubung und damit keine Samenbildung stattfinden.

Chrysantheme (Chrysanthemum x grandiflorum)

Überreich blühender Herbstklassiker, der bereits ab August erhältlich ist. Am besten gedeiht er im Halbschatten. Durch die geringere Sonneneinstrahlung verblühen dort die Blüten nicht so schnell. Ein geschützter Platz an der Hausmauer verhindert das Braunwerden der Blütenköpfe bei Frost.

Stiefmütterchen (Viola x wittrockiana)

Weiß, rosa, gelb, orange, rot, rostbraun, blau, violett, auch mehrfarbig, mit und ohne „Auge" – Stiefmütterchen lassen keine Wünsche offen. Die Pflanzen sind sowohl im Herbst, als auch im Frühjahr ein fester Bestandteil des Beet- und Balkonpflanzen-Sortiments.

Winter

Pflanzenname

Rebhuhnbeere (Gaultheria procumbens)

Frostharter Kleinstrauch aus dessen weißer Sommerblüte sich scharlachrote Früchte entwickeln, die ihre Farbe auch im Winter behalten. Ein anderer Name für die Pflanze ist Amerikanisches Wintergrün. Aus den Blättern wurde früher Wintergrünöl für medizinische Zwecke gewonnen.

Christrose (Helleborus niger)

Wegen ihrer weißen, im Winter blühenden Blüten die beliebteste Helleborus-Art, die sich im lichten Schatten am wohlsten fühlt. Benötigt unbedingt einen kalkhaltigen Boden, Zusammenpflanzungen mit Heidepflanzen sind daher nicht günstig. Alle Pflanzenteile sind stark giftig!

Stechpalme (Ilex aquifolium)

Immergrüner Strauch mit dunkelgrünen, dornig gezähnten Blättern. Winterschmuck entsteht außerdem durch die leuchtend roten Beerenfrüchte, wenn männliche und weibliche Pflanzen beieinander stehen. Mahonien ähneln Ilex, bilden aber blaue bereifte Früchte.

Muschelzypresse (Chamaecyparis obtusa)

Winterhartes Gehölz, das sich von der echten Zypresse vor allem durch stärker abgeflachte Zweige unterscheidet. Für die Kübelkultur ist die Sorte 'Nana Gracilis' empfehlenswert. Die Zwergsorte wird lediglich 30-60 Zentimeter hoch und bildet attraktive Kegel.

Strukturpflanzen

Pflanzenname

Efeu (Hedera helix)

Immergrüne, anpassungsfähige Kletterpflanze. Wächst sowohl in der Sonne als auch im Schatten sehr gut. Eine Vielzahl von Sorten sorgt für reichliche Auswahl in Blattform, Farbe und Wuchseigenschaften. In Trockenperioden auf Spinnmilben achten.

Gundermann (Glechoma hederacea)

Gut geeignet für Ampel und Kübelbepflanzungen an sonnigen bis halbschattigen Standorten. Attraktive Alternative zum Weihrauch (Plectranthus), wenn gewünscht wird, dass die Triebe zwar lang herunterhängen, jedoch nicht so stark wuchern.

Mühlenbeckie (Muehlenbeckia axillaris)

Strukturpflanze, die durch ihre hübschen Blätter besticht. Gut geeignet für die Kombination mit nicht allzu wüchsigen Balkonpflanzen. Kann mit etwas Geduld auch am Drahtgestell als Formpflanze gezogen werden. Im milden Klima winterhart.

Lakritzstrohblume (Helichrysum petiolare)

Anspruchslose, überhängend wachsende Pflanze. Sehr robust, kann deshalb bedenkenlos zurückgeschnitten werden, wenn die Triebe andere Pflanzen zu überwuchern drohen. Besonders schön in Kombination mit Petunien.

5 Tipps für die üppige

1 Gute Erde lohnt sich

Preiswerte Angebote sind zwar oft verlockend, doch eine gute Erde macht sich durch gesunde Blüten bezahlt. Für einen gesunden, üppigen Wuchs brauchen Balkonpflanzen eine Erde, die Wasser und Nährstoffe gut speichert und die über Monate ihre Struktur hält, ohne zu sacken. Hochwertige Erden erkennt man an groben Fasern, an hellem Torf oder Torfersatz. Grobe Fasern speichern Feuchtigkeit und verdichten nicht so rasch wie feine Fasern. Dicht zusammen gerutschtes Substrat macht den Wurzeln das Atmen schwer. Strukturstabil sind auch Blumenerden mit Sand, Blähton oder Styropor-Anteil. Weiche Tonkügelchen binden Nährstoffe und wirken so dem Auswaschen der Dünger entgegen.

2 Erste Hilfe nach dem Urlaub

Pflanzen, die zu viel Wasser bekommen haben: Den Topf oder Kasten abziehen, die Pflanze an der Luft ein bis zwei Tage abtrocknen lassen. Prüfen Sie, ob das Abflussloch verstopft ist oder fehlt. Der Wasserabzug muss in allen Gefäßen gesichert sein. Andernfalls kann es zu Fäulnisschäden und Absterben kommen. Stinkende Gerüche um den Topf sind ein sicheres Zeichen dafür, dass etwas faul ist.
Pflanzen, die unter Trockenheit leiden: Einzelne Töpfe in Wannen, Regentonnen oder Eimer mit Wasser tauchen, bis keine Luftblasen mehr aufsteigen. Große Kübel mehrmals täglich durchdringend wässern. Welke, strauchige Kübelpflanzen um etwa ein Viertel bis ein Drittel zurückschneiden.

Blütenpracht zuhause

3 Wässern leicht gemacht

Auf aufgeheizter Erde, in dunklen Gefäßen, in Töpfen auf Bodenplatten oder vor Wänden, die satt von Sonnenwärme durchdrungen sind, verdunstet das gegossene Wasser zu schnell. Die beste Zeit zum Wässern ist daher morgens, bevor es heiß wird, oder am frühen Abend, wenn die Hitze nachlässt. Dabei auf die Brause verzichten und mit dünnem Strahl langsam und durchdringend direkt auf die Erde gießen. Dazu Blütentriebe und Blattwerk etwas anheben, um zu verhindern, dass sie nass werden. Denn feuchte Blätter und Blüten bieten ideale Voraussetzungen für Pilzkrankheiten. Wasser zum Nulltarif und noch dazu in einer pflanzenverträglichen Temperatur und Härte steht zur Verfügung, wenn Sie eine Regentonne aufstellen. Automatische Bewässerungssysteme übernehmen das Kannenschleppen, wenn Sie im Urlaub sind. Im Gartenfachhandel erhalten Sie umfassende Beratung, um individuelle Lösungen zu finden. Wichtig: das Bewässerungssystem vor dem Urlaub ausprobieren.

4 Nachblüte fördern

Aus Sicht der Pflanze sind die Blüten da, um Insekten als Bestäubungsshelfer anzulocken. Ist die Bestäubung geglückt, geht die Blüte in Frucht- und Samenbildung über. Damit stellen die Pflanzen ihre Blütenbildung ein. Es ist deshalb ratsam, Fruchtansätze regelmäßig abzuzupfen. Bei einigen Stauden, wie Rittersporn und dem zweijährigen Löwenmäulchen, umfasst man alle verblühenden Stiele und schneidet sie mit einem glatten Schnitt ab. Nach dem Urlaub im Spätsommer stehen sie wieder in Blüte. Lücken in der Bepflanzung lassen sich mit Solitärstauden oder Blattschmuckpflanzen füllen.

5 Düngen stärkt

Die modernen Beet- und Balkonpflanzen leisten Großes durch ihre unzähligen Blüten von Juni bis zum Frost. Auch das rasche Regenerieren nach dem Hauptflor, die Widerstandskraft gegen Schädlinge und Trockenheitsstress kosten die Pflanzen Kraft. Dünger sind unerlässlich, wenn die Blütenwelle zur Freude aller wogen soll. Düngen beginnt mit der gedüngten Pflanzerde. Nach etwa einem Monat können Sie zusätzlich düngen. Zeitsparend sind Langzeitdünger, die als Kegel oder Sticker in den Kasten gesteckt werden und sich selbst dosieren. Bei Mangel helfen Flüssigdünger rasch. Blattschmuckpflanzen benötigen mehr Stickstoff (N), Blütenpflanzen mehr Phosphor (P).

Pflanzennamen

	Deutscher Name	Botanischer Name
A	Alpenveilchen	Cyclamen persicum
	Anemone	Anemone blanda
	Angelonie	Angelonia Cultivar
B	Bambus	Phyllostachys
	Bartfaden	Penstemon barbatus
	Besenheide	Calluna vulgaris
	Blaue Mauritius	Convolvulus sabatius
	Blaues Gänseblümchen	Brachyscome multifida
	Blauschwingelgras	Festuca glauca
	Blaustern	Scilla siberica
	Blutsalbei	Salvia coccinea
	Braunelle	Prunella Cultivar
	Buchsbaum	Buxus sempervirens
	Buntnessel	Plectranthus scutellarioides
C	Chamäleonpflanze	Houttuynia cordata
	Chinaschilf	Miscanthus sinensis
	Christrose	Helleborus niger
	Chrysantheme	Chrysanthemum x grandiflorum
	Currykraut	Helichrysum angustifolium
D	Dahlie	Dahlia Cultivar
	Drillingsblume	Bougainvillea spectabilis
	Duftgeranie	Pelargonium graveolens
	Duftthymian	Thymus x citriodorus
	Duftveilchen	Viola odorata
E	Edellieschen	Impatiens Neuguinea-Gruppe
	Efeu	Hedera helix
	Eibe	Taxus baccata
	Eisenkraut	Verbena Cultivar
	Elfenspiegel	Nemesia Cultivar
	Elfensporn	Diascia Cultivar
	Enzian	Gentiana Cultivar
	Enzianstrauch	Solanum rantonnetii
	Erika	Erica gracilis
F	Fächerblume	Scaevola aemula
	Fackellilie	Kniphofia Cultivar
	Federbusch	Celosia argentea
	Felberich	Lysimachia clethroides
	Fetthenne	Sedum
	Feuerdorn	Pyracantha coccinea
	Feuersalbei	Salvia splendens
	Fleißiges Lieschen	Impatiens walleriana

	Deutscher Name	Botanischer Name
	Fuchsie	Fuchsia Cultivar
	Funkie	Hosta
G	Gazanie	Gazania Cultivar
	Gerbera	Gerbera jamesonii
	Ginster	Cytisus scoparius
	Glattblatt-Aster	Aster novi-belgii
	Glockenblume	Campanula carpatica
	Goldzweizahn	Bidens ferulifolia
	Grünlilie	Chlorophytum comosum
	Gundermann	Glechoma hederacea
	Günsel	Ajuga reptans
H	Hängegeranie	Pelargonium peltatum
	Hartriegel	Cornus mas
	Heidelbeere	Vaccinium myrtillus
	Hornveilchen	Viola cornuta
	Hortensie	Hydrangea macrophylla
	Hungerblümchen	Draba aizoides
	Husarenknöpfchen	Sanvitalia procumbens
	Hyazinthe	Hyacinthus orientalis
I	Indisches Blumenrohr	Canna indica
	Irische Glanzheide	Daboecia cantabrica
J	Jasmin-Solanum	Solanum jasminoides
	Johanniskraut	Hypericum Cultivar
K	Kalmus	Acorus gramineus
	Kapmargerite	Osteospermum ecklonis
	Keulenlinie	Cordyline australis
	Knollenbegonie	Begonia Tuberhybrida-Gruppe
	Kriechende Zwergmispel	Cotoneaster adpressus
	Krokus	Crocus Cultivar
	Kugelprimel	Primula denticulata
L	Lakritzstrohblume	Helichrysum petiolare
	Lampionputzergras	Pennisetum alopecuroides
	Langblättrige Wolfsmilch	Euphorbia longifolia
	Lavendel	Lavandula angustifolia
	Lerchensporn	Corydalis Cultivar
	Liguster	Ligustrum vulgare
	Löwenmäulchen	Antirrhinum majus
	Lungenkraut	Pulmonaria Cultivar
M	Mädchenauge	Coreopsis lanceolata
	Männertreu	Lobelia erinus
	Margerite	Leucanthemum

	Deutscher Name	Botanischer Name
	Mühlenbeckie	Muehlenbeckia axillaris
	Muschelzypresse	Chamaecyparis obtusa
N	Narzisse	Narcissus pseudonarcissus
	Nestfarn	Asplenium nidus
O	Oktoberli	Sedum sieboldii
	Orange	Citrus sinensis
P	Paprika	Capsicum annuum
	Petunie	Petunia Cultivar
	Pfennigkraut	Lysimachia nummularia
	Porzellanröschen	Lewisia cotyledon
	Prachtkerze	Gaura lindheimeri
	Prachtspiere	Astilbe x arendsii
	Primel	Primula vulgaris
	Purpurglöckchen	Heuchera Cultivar
	Purpurglockenwein	Rhodochiton atrosanguineus
R	Ranunkel	Ranunculus asiaticus
	Rasenschmiele	Deschampsia caespitosa
	Rebhuhnbeere	Gaultheria procumbens
	Ringelblume	Calendula officinalis
	Rittersporn	Delphinium Cultivar
	Rose	Rosa Cultivar
	Rosmarin	Rosmarinus officinalis
	Rudbeckie	Rudbeckia hirta
S	Salbei	Salvia officinalis
	Salweide	Salix caprea
	Sandnelke	Dianthus arenarius
	Schaumblüte	Tiarella Cultivar
	Scheinerdbeere	Duchesnea indica
	Scheinsonnenhut	Echinacea purpurea
	Schmetterlingsblume	Schizanthus Cultivar
	Schmuckkörbchen	Cosmos bipinnatus
	Schneeball-Hortensie	Hydrangea paniculata
	Schneeflockenblume	Sutera Cultivar
	Schopflavendel	Lavandula stoechas
	Schöterich	Erysimum Cultivar
	Schwarzäugige Susanne	Thunbergia alata
	Segge	Carex
	Seidenpflanze	Asclepias fruticosa
	Silberblatt	Senecio cineraria
	Silbereiche	Grevillea
	Silberling	Lunaria annua

	Deutscher Name	Botanischer Name
	Silberröhrchen	Dichondra argentea
	Silberrandchrysantheme	Ajania pacifica
	Skimmie	Skimmia japonica
	Spindelstrauch	Euonymus fortunei
	Staudenmargerite	Leucanthemum x superbum
	Stechpalme	Ilex aquifolium
	Stehende Geranie	Pelargonium zonale
	Steinbrech	Saxifraga x arendsii
	Stern von Ägypten	Pentas lanceolata
	Stiefmütterchen	Viola x wittrockiana
	Storchschnabel	Geranium
	Strauchmargerite	Argyranthemum frutescens
	Strauchveronika	Hebe
	Strohblume	Xerochrysum bracteatum
	Studentenblume	Tagetes Cultivar
	Süßkartoffel	Ipomea batatas
T	Taubnessel	Lamium maculatum
	Tausendschön	Bellis perennis
	Torenie	Torenia fournieri
	Torfmyrthe	Pernettya mucronata
	Traubenhyazinthe	Muscari armeniacum
	Tulpe	Tulipa Cultivar
V	Vanilleblume	Heliotropium arborescens
	Vergissmeinnicht	Myosotis sylvatica
W	Wacholder	Juniperus
	Waldrebe	Clematis
	Wandelröschen	Lantana camara
	Weiderich	Lythrum salicaria
	Wolfsmilch	Euphorbia
	Wucherblume	Leucanthemum hosmariense
	Wurmfarn	Dryopteris filix-mas
Z	Zauberglöckchen	Calibrachoa Cultivar
	Zierklee	Oxalis triangularis
	Zierkohl	Brassica oleracea
	Zierquitte	Chaenomeles japonica
	Ziertabak	Nicotiana alata
	Zigarettenblümchen	Cuphea ignea
	Zinnie	Zinnia elegans
	Zuckerhutfichte	Picea glauca 'Albertiana Conica'
	Zwergiris	Iris reticulata
	Zwergkiefer	Pinus mugo

Impressum

Herausgeber
BLOOM's GmbH, Ratingen

Konzept
Susanne Vollrath, Karen Meier-Ebert

Text
Susanne Vollrath

Redaktion (vwtl.)
Hella Henckel

Redaktion
Karen Meier-Ebert, Susanne Mansfeld

Bildredaktion
Renate Haller

Floristische Leitung
Klaus Wagener

Floristik und Fotostyling
Team 'profil floral'

Pflanzkonzeption
Lutz Pakendorf, Sylvia Weigner

Fotos
Patrick Pantze – Werbefotografie GmbH, Lage

Weitere Fotos: Sondergruppe AZERCA (www.azerca.de): S. 120, 121, 128, 129, 130, 131, 132, 133; Bellandris Gartencenter (www. bellandris.de): S. 112, 113; CMA Pressedienst (www.cma.de): 154; Eschbach (www.eschbach-accente.de): S. 57; Kientzler Jungpflanzen (www.kientzler.de): S. 36, 37, 107, 125, 141, 148, 149, 150, 151

Klappe vorn: Kunststoffkasten: Kirschke (www.kirschke.net); Kasten mit Einsatz: Blueman (www.blueman.de); Eternitkasten: Manufactum (www.manufactum.de); Terrakottakasten: Kirschke (www.kirschke.net); Zinkkasten: Manufactum (www.manufactum.de); Korb: Jantuma (www.jantuma.de)

Grafik Design
Sonja Höhn, Marion Hennig, Mandy Schubert

DTP
Michaela Gageik, Britta Baschen

Wollgrasweg 41, 70599 Stuttgart (Hohenheim)
E-Mail: info@ulmer.de
www.ulmer.de
5. Auflage 2010